Ismael Leandry Vega

Doctor en Jurisprudencia

Premio Derecho Penal – 2007

Facultad de Derecho Eugenio María de Hostos

Premio Benicio Sánchez Castaño – 2007

Colegio de Abogados de Puerto Rico

La universidad

¡vaya timo!

El fin de la burbuja universitaria

Editorial Espacio Creativo

Charleston, SC.

ISBN-13: *978-1479183425*   **ISBN-10:** *1479183423*

Datos para catalogación:

Ismael Leandry Vega

La universidad, ¡vaya timo!: el fin de la burbuja universitaria

Editorial Espacio Creativo. *2012*. Charleston, SC.

➢ **Depresión laboral**

➢ **Desempleo**

➢ **Doctorados**

➢ **Economía**

➢ **Educación superior**

➢ **Fraudes**

➢ **Instituciones de educación superior**

➢ **Libros en español**

➢ **Recesión económica**

➢ **Títulos académicos**

➢ **Universidades**

«Tener estudios no es garantía de encontrar un empleo bien remunerado.»

El Economista

Tabla de contenido

Agradecimiento..5

Dedicatoria...6

Introducción..7

Referencias...149

Capítulo uno
El fin de la burbuja universitaria

I. La universidad es un negocio..21

II. Advertencias a los universitarios..................................36

III. El fin de la pompa universitaria..................................45

IV. Explosión universitaria en ejemplos................................57

Capítulo dos
Los grados académicos son chatarras

I. Los doctorados y las maestrías son chatarras........................69

II. Las licenciaturas...77

    A. Crisis con las licenciaturas..............................77

    B. Las licenciaturas son un poco más útiles.................82

III. Nuevos estándares laborales.......................................88

IV. El mundo quiere conserjes y mucamas, no universitarios.............98

Capítulo tres
Los títulos enferman la mente

I. El título viene con frustración............................105

II. El título viene con depresión............................109

III. Criminalidad y «chatarra-títulos»......................112

Capítulo cuatro
Cuando la culpa es tuya

I. Estupideces y redes sociales...............................125

Capítulo cinco
Frases y pensamientos

I. Frases y pensamientos del autor..........................131

Agradecimiento

A todos los autodidactos que, como Thomas Alva Edison & Michael Faraday, le han demostrado al mundo que no hace falta asistir a una universidad para aprender ni, sobre todo, para realizar contribuciones significativas en beneficio del conocimiento.

Dedicatoria

A todos los titulados que, después de haber realizado titánicos esfuerzos para obtener sus grados académicos, han ido a parar a las filas del desempleo.

Introducción

Como sabemos, estos tiempos son bastantes preocupantes y reveladores. Decimos eso porque el mundo, al momento de escribir este pequeño libro, estaba atravesando por una *fuerte recesión económica*. Una recesión económica que, lamentablemente: (1) ocasionó una fuerte *depresión laboral* en casi todos los países; y (2) le demostró a la humanidad que en casi todos los países existen unas burbujas universitarias que, ante la primera recesión económica, estallan fuertemente. Y téngase en cuenta que cuando las burbujas universitarias estallan, penosamente, se llevan por delante a la mayoría de los jóvenes que, cercano a los mencionados estallidos, obtuvieron sus títulos académicos.

Debe notarse que manifestamos líneas arriba dos palabras, a saber, *depresión laboral*. Pues bien, como sabemos que muchos se estarán preguntando qué rayos es eso nos corresponde indicar que una **depresión laboral** es, en apretada síntesis, una agobiante situación en donde uno puede ver que la economía de un país está tan fastidiada que, entre otros nefastos asuntos: (1) es común observar que la mayoría de las personas que —recientemente— se han graduado de las instituciones de educación superior no pueden, por más que traten, conseguir trabajos que estén directamente relacionados con sus áreas de estudio; y (2) uno puede ver que continuamente se pierden puestos de trabajo, inclusive dentro del sector público.

Además, no podemos olvidar que las *depresiones laborales* ocasionan, por lo menos dentro de los mercados laborales, que se le reste importancia a la inmensa mayoría de los títulos académicos. Y eso llega al punto de que muchísimos empleadores prefieren contratar a personas experimentadas y, sobre todo, que tengan fama de ser eficientes, leales y comprometidas con sus trabajos.

Y téngase en cuenta que muchísimas empresas, en especial las que tienen mucho poder y dinero, toman muy en serio lo acabado de mencionar. Decimos eso por motivo de que hemos visto que las mencionadas empresas están utilizando «una serie de métodos, algunos de los cuales pueden ser extremos, para asegurarse de que reclutan a los mejores trabajadores.»[ii]

Dicho eso, cabe realizar una pregunta, a saber, ¿por qué las *depresiones laborales* ocasionan que se le reste importancia a muchos títulos académicos, particularmente a la inmensa mayoría de los posgrados? Primero, por motivo de que las empresas saben que la educación universitaria no es sinónimo de sabiduría.

De hecho, son muchísimos los empleadores y reclutadores que saben, en lo pertinente, que en estos tiempos de la modernidad —en donde abundan las fuentes de información— hay muchísimas personas que, a pesar de tener una educación básica: (1) son expertas en distintos asuntos; y (2) dominan ciertas funciones laborales. Así, por ejemplo, por ahí hay un montón de muchachitos que, a pesar de que no cuentan con títulos académicos, saben más de computación que muchísimos titulados.

Segundo, por motivo de que los empleadores saben que si contratan a las personas más talentosas y comprometidas podrán, entre otros beneficios, ensamblar unos equipos de trabajo tan dominantes y perfeccionistas que, para consternación de los que adoran vaguear en sus centros de trabajo, podrán utilizar adecuadamente los recursos de las empresas y, sobre todo, aumentar la productividad de los empleados «de segunda y de tercera categoría.»[iii]

Ahora bien, debe saber que ese cambio de paradigma laboral que ha venido con la *Gran Depresión Laboral* ha traído, a nivel mundial, unas enormes consecuencias. Unas consecuencias que, para consternación de los futuros titulados, se mantendrán por varias décadas luego de que las recesiones económicas se disipen.

¿Y cuáles han sido las mencionadas consecuencias? Es obvio que en esta parte introductoria, apenas comenzando la discusión, no vamos a plasmarlas todas. Recuerde que por medio de la introducción lo que buscamos es, en lo pertinente, familiarizarlo con los temas que encontrará en el libro.

Pero, como adelanto de lo mencionado, podemos manifestar que en muchos países se está dando el fenómeno de que muchos de los recién titulados *no pueden conseguir ni mantener buenos empleos.* ¿Sabe por qué? Porque, angustiosamente, no pueden cumplir: (1) con ciertos requisitos de empleo; o (2) con ciertas exigencias laborales.

Además, otra de las consecuencias es que muchas personas están perdiendo sus trabajos por motivo de que no pueden demostrarles a sus empleadores, luego de estar varios años en sus puestos de trabajo, que lograron convertirse en empleados indispensables y deseables.

Y todo eso ha traído como resultado que *las filas de la pobreza,* inclusive en todos esos países capitalistas en donde se veneran los asuntos que están relacionados con farándula, consumismo y materialismo, se estén llenando con personas que han estudiado en instituciones de educación superior. Por eso no es nada extraño ver a personas jóvenes, saludables y educadas –y muchas de ellas con doctorados y/o maestrías– recibiendo cupones de alimentos y/o trabajando en empleos de baja calidad.

Por eso se puede decir que en muchos países, como en *México, España y Estados Unidos de América,* la pobreza tiene una nueva cara. Se trata de personas jóvenes y educadas que, por no poder conseguir buenos trabajos, han tenido que enganchar sus metas, sus sueños y, sobre todo, sus grados académicos.

También se puede decir que la nueva pobreza está compuesta por «personas que nunca antes pertenecieron a la clase pobre o que se habían superado, tuvieron un trabajo estable, acceso a educación y salud y tenían todas sus necesidades básicas resueltas.»[iv]

Debe notarse que indicamos que en los *EE.UU.*, en donde la mayoría de los ciudadanos respetan a los artistas de cine y televisión mucho más que a los ganadores del *premio Nobel*, la nueva pobreza está compuesta por personas educadas. Pues bien, no está de más realizar un pequeño paréntesis en la discusión para informar que en los *EE.UU.* están ocurriendo varios hechos sociales sin precedentes, entre ellos, que la pobreza está aumentando rápidamente. Al punto de que varios análisis han certificado que «la pobreza se está extendiendo a niveles récord en muchos grupos, desde trabajadores en paro hasta familias suburbanas.»[v]

Otro de los hechos sin precedentes que están ocurriendo en *EE.UU.* es que, fríamente, la brecha entre los ricos y los pobres cada día es más ancha. Al punto de que ahora, más que nunca, las posibilidades de perderlo todo y convertirse en un hambriento vagabundo son, incluso para personas educadas y mentalmente sanas, enormes.[vi]

Cerrado el paréntesis, no está de más que plasmemos varios ejemplos sobre lo que hemos estado discutiendo. Y el primer ejemplo que plasmaremos está relacionado con los resultados de un revelador estudio que fue realizado por investigadores del *Urban Institute* –un centro de investigación que está ubicado en los Estados Unidos de América–.

Debe saber que los mencionados resultados demostraron que en los *EE.UU.* había, para el año 2010, cerca de treinta y cinco mil personas que, a pesar de estar en buen estado de salud y a pesar de que tenían doctorados, estaban recibiendo cupones de alimentos por no poder conseguir buenos trabajos.[vii]

El segundo ejemplo sobre lo que estamos discutiendo lo proporciona, nada más y nada menos, que un prestigioso grupo llamado la *Academia Mexicana de Ciencias*. Según una investigación realizada por profesionales que pertenecen a dicha prestigiosa asociación, el estallido de la burbuja universitaria ha sido tan potente dentro del vasto territorio mexicano que, para preocupación de los estudiantes de posgrado, «cinco de cada diez profesionistas con *doctorado* están desempleados.»[viii]

Con lo anterior en mente, y a pesar de que estamos en una parte introductoria, entendemos que debemos discutir una de las más nefastas consecuencias que ocasiona la *depresión laboral*. Y dicha consecuencia, para consternación de los sociólogos, está relacionada con la fuga de talentos.

Sobre eso, que será discutido con mayor profundidad en varios capítulos, podemos decir

Ismael Leandry Vega

que las *fugas de talentos* son bien dañinas para los países. ¿Sabe por qué? Porque las *cuasi* forzadas migraciones que tienen que sufrir las personas altamente educadas por no poder conseguir buenos empleos terminan, incuestionablemente, afectando significativamente: (1) el desarrollo de los países; y (2) la calidad de vida en los países.

Decimos eso porque *las fugas de talentos,* por lo regular, están compuestas por personas que tienen unos elevados potenciales de realizar notables e importantes contribuciones en favor: (1) del conocimiento; y (2) de la calidad de vida. Hoy en día, de hecho, estamos viendo que en muchísimos países, como en *Puerto Rico & España,* las oleadas migratorias que han sido provocadas por la falta de oportunidades laborales están compuestas por maestros, enfermeras, abogados, paralegales, científicos, ingenieros, arquitectos, contables, médicos especialistas y policías educados.[ix]

Y el gran problema que trae todo eso es que cuando personas educadas, comprometidas, aplicadas y deseosas de contribuir con el mejoramiento de sus sociedades se marchan de sus respectivos países, se tienden a quedar muchas personas: (1) que no han logrado titularse; y (2) que no tienden a realizar aportaciones significativas en beneficio de sus países.

Sin contar que los hampones más violentos, que siempre andan sembrando el terror por las calles, también se tienden a quedar en sus respectivos países. Por eso no es extraño ver que los países que sufren de una elevada *fuga de talentos* tengan, entre otros nefastos datos, unos elevados y agobiantes índices de criminalidad *&* violencia social.

Por eso es que todos los gobernantes, si es que quieren que en sus países exista una buena calidad de vida –al igual que una notable fama internacional que manifieste que se hacen buenas contribuciones en favor del conocimiento y del bienestar social–, tienen que tener como prioridad la creación de empleos. Particularmente buenos empleos para las personas altamente educadas y, sobre todo, para las personas que tienden a realizan grandes sacrificios en favor del bienestar social.

Por eso estamos de acuerdo con el **Dr. Antonio María Rouco Varela**, arzobispo de la archidiócesis de Madrid y miembro de la Real Academia de Doctores de España, cuando dice que «de los problemas a los que hay que atender con más fuerte intensidad, uno es la falta de trabajo.»[x]

Llegados a este punto de la discusión, es importante que usted sepa que todo lo que hemos estado discutiendo guarda estrecha relación con *la destrucción de la burbuja universitaria*. Dicho eso, imaginamos que algunos se estarán preguntando qué rayos es eso de la destrucción de la burbuja universitaria.

Sobre ese particular, que será explicado con gran profundidad en varios capítulos del libro, no está de más mencionar que está relacionado: (1) con las formas y maneras en las que los empleadores, reclutadores y patronos visualizan los grados académicos; y (2) con los pensamientos que tienen los ciudadanos con relación a los grados académicos, particularmente, durante épocas de recesiones y depresiones económicas.

Así, por ejemplo, cuando las economías están boyantes es normal que muchísimos empleadores le otorguen exageradas importancias a los títulos académicos y, sobre todo, a las universidades. Sin embargo, tan pronto una recesión o depresión económica azota una economía –o cuando se vaticina que una economía será azotada por una fuerte recesión económica– los pensamientos de los mencionados empleadores tienden a cambiar significativamente.

Al punto de que no es raro ver que muchos empresarios y reclutadores de empresas poderosas, inclusive de empresas poderosas que están radicadas en los Estados Unidos de América, tengan la fuerte creencia de que la inmensa mayoría de los titulados que se insertan en el mercado laboral son puras porquerías. Puesto que la inmensa mayoría de ellos, con notables excepciones, cursaron estudios en unas instituciones de educación superior que no son más que unos costosísimos dinosaurios que «necesitan ser más ágiles y atemperar sus currículos a las demandas del mercado de empleo.»[xi]

Otro interesante asunto que debe saber sobre la explosión de las burbujas universitarias, es que cuando se rompen las mencionadas burbujas vemos que los titulados obtienen poquísimos beneficios luego de cursar sus estudios universitarios. Así, por ejemplo, cuando un país experimenta la *destrucción de su burbuja universitaria* uno puede ver que la mayoría de los grados académicos, particularmente los posgrados, traen muchísimas deudas y preocupaciones.

De hecho, si vemos lo que ha estado ocurriendo en *España*, en *Puerto Rico* y en los *Estados Unidos de América* –en donde las recesiones económicas han causado enormes estragos socioeconómicos–, veremos que «hay un gran desfase entre el costo de un título universitario y el aumento de los salarios.»[xii] Sin contar que en esos países son miles los titulados que, luego de innumerables intentos, no han podido conseguir buenos empleos.

Y todo eso ha traído una nefasta consecuencia, a saber, que muchísimos de esos desempleados tengan altísimas probabilidades de convertirse, particularmente cada día que no puedan conseguir buenos empleos que estén relacionados con sus áreas de estudio, en solicitantes indeseables. Decimos eso porque se sabe que, a medida que pasa el tiempo, muchísimos de esos *titulados*: (1) experimentan un significativo deterioro de sus capacidades; y (2) experimentan una significativa «pérdida de confianza» en sí mismos.[xiii] Y la inmensa mayoría de los empleadores, como se sabe, no desean contratar a titulados que estén tan mentalmente fastidiados.

Sobre el punto número dos antes indicado, valga saber que estamos viendo que esa fuerte laceración a la autoestima se agrava cuando los titulados que no pueden conseguir buenos empleos tienen que ver, después de tantos sacrificios y después de haber soñado tanto sobre todas las buenas acciones que realizarían una vez obtuvieran sus grados académicos: (1) que no pueden obtener cierta independencia económica; y (2) que tienen que depender de progenitores, amigos y familiares en aras de poder subsistir.[xiv] En otras palabras, el hecho de convertirse en unos *mantenidos* –luego de estar tantos años estudiando y fantaseando– les afecta significativamente sus estados emocionales.

Y téngase en cuenta que lo que estamos discutiendo, en muchas ocasiones, se transforma en un asunto trágico y depresivo. Puesto que alrededor del mundo hay muchísimas personas altamente educadas, incluyendo personas con doctorados: (1) que tienen que volver a vivir con sus padres por no poder conseguir buenos empleos; y/o (2) que tienen que solicitar cupones de alimentos para poder sobrevivir.

Y la tragedia está en el hecho de que muchísimas de esas personas, en especial las que han obtenido grados doctorales: (1) no pueden transmitirles a otras personas los conocimientos que han adquirido; y (2) terminan desarrollando un severo «sentimiento de dependencia y baja autoestima.»[xv]

Explicado lo anterior, debemos aprovechar esta oportunidad para decir que *la destrucción de las burbujas universitarias* no ha hecho más que mandar al carajo una idea que se había popularizado hace mucho tiempo, a saber, que las sociedades estaban dizque tan maduras que la inmensa mayoría de los ciudadanos «agradecerían ser cultos aunque no pudieran ejercer sus profesiones.»[xvi]

Debe tenerse en cuenta que la mencionada creencia se fue a la mierda tan pronto se comenzó a ver, entre otros asuntos, que por las calles de los países que estaban en recesión económica, como por las calles de *Grecia, España* y *Puerto Rico*, había –y todavía hay– un montón de jóvenes que, a pesar de que obtuvieron grados académicos: (1) se arrepintieron de haber asistido a las universidades; o (2) se arrepintieron de haber obtenido unos posgrados que, tristemente, les proporcionaron desempleo, deudas, frustraciones y preocupaciones.

Sin contar que en los mencionados países también abundan las personas desempleadas y altamente educadas que, entre otros asuntos, nos han enseñado que «la renuncia a los sueños estudiantiles, en la mayor parte de los casos, conduce a la frustración.»[xvii]

Por último, es de saber que en el libro también vamos a discutir un hecho innegable, a saber, que la mayoría de las instituciones de educación superior que hay en el mundo han fallado en su misión de crear ciudadanos de bien y, sobre todo, ciudadanos tolerantes, abiertos de mente y alejados de las creencias popularistas, absurdas y acientíficas.

Por eso es bien lamentable observar que muchas personas que han sido universitariamente educadas, inclusive en los Estados Unidos de América, se pasan participando en demostraciones públicas en donde se queman libros y panfletos. Olvidándose de una gran máxima que debieron haber aprendido en sus respectivas universidades, a saber, que «allí donde se queman los libros se acaba por quemar a los hombres.»[xviii]

También es lamentable observar que las universidades que hay en América, después de haber conferido cientos de miles de títulos académicos durante los últimos treinta años, no han contribuido con el mejoramiento de los países. Decimos eso porque los países de América, incluyendo los Estados Unidos de América, están plagados de corrupción, politiquería, amiguismo, consumismo y egoísmo extremo. Sin contar que *la brecha entre los ricos y los pobres*, en todos los países de América, cada día es más ancha.

Y para los que tengan dudas sobre lo que hemos explicado, que tal si le echamos una ojeada a lo que está ocurriendo en los Estados Unidos de América. Allí, a pesar de que hay miles de instituciones de educación superior –y a pesar de que se han conferido *millones de grados académicos* durante los últimos setenta años–, hemos visto que las enseñanzas sobre equidad, discrimen, prejuicios, libertad, ética y Derecho se han ido a la mierda.

Pero una de las atrocidades más bárbaras que se pasan cometiendo muchísimas instituciones de educación superior que están ubicadas en América es que: (1) se pasan defendiendo el capitalismo; (2) se pasan demonizando todas aquellas ideas que estén basadas en el comunismo y en el socialismo; y (3) se pasan tapando la inmensa mayoría de las atrocidades que son ejecutadas –al igual que las que han sido ejecutadas– en nombre del capitalismo.

Así, por ejemplo, en los *Estados Unidos de América* son pocos los profesores universitarios que les advierten a sus estudiantes que el sistema capitalista ha demostrado ser «violento», al punto de que permite y fomenta que los «más fuertes económicamente le ganen o se impongan sobre los más débiles (los pobres).»[xix]

Discutido todo lo anterior, debe notarse que en este pequeño libro discutiremos diversos temas que están relacionados con la educación superior. Pero la idea principal del libro, escrito en unos tiempos de recesiones y depresiones económicas, va encaminada a demostrar que estos son unos tiempos tan depresivos que, contrario a las creencias populares, «una buena educación ya no garantiza una buena vida.»[xx]

Ismael Leandry Vega

Capítulo uno
El fin de la burbuja universitaria

I. La universidad es un negocio

Todo el mundo sabe que una universidad «desempeña funciones de gran importancia. En ella se forman científicos y profesionales competentes, incansables buscadores de la verdad, animados por el deseo de poner sus conocimientos al servicio de la sociedad en la que viven.»[xxi] También se sabe que las universidades, por lo menos teóricamente hablando, buscan formar personas: (1) que amen y protejan la libertad y la educación; y (2) que respeten los derechos humanos y estatutarios.

Y sobre el punto número uno antes mencionado, no está de más añadir que es de público conocimiento que la mayoría de las instituciones de educación superior –menos las que están en *Irán* y en el *Estado de la Ciudad del Vaticano*– buscan que sus estudiantes aprendan: (1) que «por la ignorancia se desciende a la servidumbre»; y (2) que «por la educación se asciende a la libertad.»[xxii]

Además, es innegable que la inmensa mayoría de las universidades buscan enseñarles a sus estudiantes, por lo menos teóricamente hablando, que deben alejarse: (1) del popularismo; (2) de todo lo que sea acientífico; y (3) de estilos de vida basados en vanidad, materialismo y consumismo. Y téngase en cuenta que la inmensa mayoría de las instituciones de educación superior hacen lo anterior por motivo de que las ciencias sociales han demostrado, entre otras importantes cuestiones, que «una cultura enfocada en los niveles de riqueza, belleza y estatus social contribuye al aumento de los problemas.»[xxiii]

Ahora bien, lo que no todo el mundo puede visualizar es el hecho de que la inmensa mayoría de las universidades que están reconocidas, con notables excepciones, no aman a los pobres que, a pesar de tener muchas ganas de aprender y de utilizar los conocimientos que puedan adquirir para beneficio de la sociedad, no tienen el dinero suficiente para pagar por los altos costos que conlleva recibir una educación universitaria.

Debe notarse que indicamos que lo antes dicho tiene algunas excepciones. Pues bien, valga saber que una de esas excepciones proviene desde Argentina. ¿Sabe por qué? Porque en *Argentina*, con excepción del posgrado, «todo el ciclo educativo es gratuito, incluyendo las universidades públicas que son unas de las más prestigiosas del país.»[xxiv]

Debe tenerse en cuenta, después de haber aclarado lo anterior, que de todas las universidades que hay en este contaminado y pequeño planetita de mierda, las estadounidenses —mayormente las privadas— son unas de las que más odian a los pobres. Decimos eso por motivo de que todos los años, lamentablemente, poco más de doscientos mil *(200,000)* jovencitos que se han graduado de las escuelas superiores no pueden, para consternación de sus familias, matricularse en una universidad pública que esté acreditada por una agencia de acreditación reconocida por el *Departamento de Educación de los Estados Unidos de América*. ¿Sabe por qué? Por motivo de los «altos costos de los estudios» universitarios.[xxv]

Otro país que tiene la peculiaridad de que sus instituciones de educación superior odian a los pobres, por sorprendente que parezca, es *Chile*. Decimos eso porque en *Chile*, en donde la cantidad de gente pobre es enorme, la educación universitaria es la más cara del mundo. Al punto de que limita, debido a los exagerados costos, el acceso de los pobres a las instituciones de educación superior.

Pero eso no es lo único que está fuera de liga dentro del sistema universitario de Chile. Puesto que ese sistema tiene otra nefasta peculiaridad, a saber, que el amor que sienten los profesores, los rectores y los decanos por el dinero es tal que, a pesar de que la inmensa mayoría de las instituciones de educación superior no tienen bajo contrato a ganadores de premiaciones internacionales de elevado prestigio, la inmensa mayoría de ellos adoran que los estudiantes terminen sus estudios económicamente jodidos. Es decir, agobiados y endeudados por los *préstamos estudiantiles* que han tenido que solicitar en aras de poder: *(1)* culminar sus carreras; y *(2)* pagarles los sueldos a los profesores, a los decanos y a los asesores universitarios.

Para que tenga una idea más clara sobre lo antes discutido, no está de más que mencionemos que «para poder acceder a la universidad el *70%* de los estudiantes chilenos recurre a un crédito, algo que –según los detractores del sistema- deja a miles de jóvenes de clase media y baja endeudados una vez que terminan de estudiar.»[xxvi]

Y ni hablar, por otro lado, de las universidades que están en los topes de los ránquines que están relacionados con el prestigio y la fama de las universidades. Puesto que los pobres, con notables excepciones, no tienen accesos a ellas. Dichas universidades, como la *Universidad de Harvard* y la *Universidad de Oxford*, se han convertido en unos costosísimos centros elitistas en donde los hijos de los ricos y poderosos: *(1)* se educan; y *(2)* establecen conexiones políticas y empresariales.[xxvii]

En fin, todo lo antes explicado nos lleva a decir que vivimos en un mundo tan enfermo, egoísta y centrado en las ganancias monetarias que, para perjuicio del desarrollo de los *pueblos*, si se desea adquirir conocimientos en aras de tratar de hacer algo significativo en beneficio de la humanidad –y eso suena algo utópico puesto que la humanidad no está interesada en ser ayudada, sino en recibir beneficios con el menor sacrificio posible– hay que pagar por ello.

Dicho eso, sé que algunos estarán pensando en todos esos becados que, dichosamente, han podido realizar *estudios universitarios* con todos o con casi todos los gastos pagados. Y sé, además, que muchos estarán pensando en los suertudos que, gracias a las becas, han podido estudiar en universidades prestigiosas y costosas.

Pues bien, sobre los mencionados suertudos tenemos que decir que si uno hace un análisis comparativo entre los universitarios que pagan por sus estudios y los pobres que han logrado ser becados por haber demostrado tener formidables actitudes y aptitudes para los estudios, veremos que estos últimos representan un ínfimo número.

Sin contar que si uno analiza las verdaderas razones por las cuales muchas instituciones de educación superior les otorgan becas completas a algunos de los pobres que tienen tremendas ganas de estudiar, veremos que en muchas ocasiones dichas acciones no son más que unas acciones que se realizan con el fin de obtener beneficios publicitarios.

Por eso no es nada raro ver a muchas *instituciones de educación superior,* particularmente a muchas que operan en América y en Europa, publicando comunicados de prensa y/o realizando conferencias de prensa en donde resaltan que les han brindado ayudas económicas a algunos pobres que tienen *sed de conocimiento.*

Ya que hablamos sobre *publicidad oportunista* no está de más mencionar que en China, al igual que en la mayoría de los países de América, se está dando un asunto bien cínico. Consecutivamente, uno puede ver que muchas universidades que están ubicadas en las mencionadas zonas se pasan informando, con *pompas y platillos*, sobre el hecho de que sus aulas están siendo abarrotadas por mujeres. Sin contar que también se pasan publicando que la mayoría de los grados académicos que han conferido, les han sido conferidos a mujeres.

Pues bien, es obvio que dichas acciones no son más que puros actos de *marketing* y, cuando las realizan las universidades estatales, acciones propagandísticas. Decimos eso por motivo de que uno puede ver, a pesar de que se dice y se celebra lo anterior, que la realidad nos demuestra que a muchas de las mencionadas tituladas: (1) se les niegan buenas oportunidades de empleo, «con lo que desperdician sus talentos»;[xxviii] y (2) se les discrimina en los escenarios laborales; al punto de que muchas de ellas, a pesar de estar realizando las mismas acciones, cobran menos dinero que los varones.

Con todo ese panorama en mente, ahora nos corresponde decir que la educación universitaria se ha convertido, como regla general, en un gran negocio. Al punto de que la mayoría de los directivos de las instituciones de educación superior que están acreditadas, y en especial los directivos que administran instituciones que están clasificadas como instituciones privadas y con fines de lucro, les dan más prioridad a las ganancias monetarias que puedan obtener sus instituciones de educación que a las necesidades y preocupaciones de los estudiantes.[xxix]

De hecho, lo acabado de mencionar nos ha hecho recordar un lamentable asunto que está ocurriendo en muchísimas universidades que están ubicadas en unos países capitalistas que, para su desgracia, han sido arrastrados por el *neoliberalismo*. Lo que está ocurriendo es que muchos estudiantes, debido a los altos costos de la educación universitaria, se ven forzados a abandonar sus estudios. Y en muchas ocasiones, dichas deserciones universitarias se hacen dejando deudas pendientes en los centros educativos.

Debe saberse que lo antes mencionado, lamentablemente, ocurre con mucha frecuencia en Puerto Rico. Decimos eso porque en ese pequeño y caluroso país caribeño, según un análisis realizado por el **Consejo de Educación Superior**, «sólo se gradúa el 30% de los admitidos a la universidad.»[xxx] Y la inmensa mayoría de los desertores universitarios, que estudian en universidades privadas y que dejan deudas pendientes, abandonan sus estudios por motivo de que no puede pagar los altos costos de la educación. Sin contar que hay un nutrido grupo de universitarios que, por pertenecer a las clases menos aventajadas, tienen que abandonar sus estudios en aras de irse a trabajar.

¿Y cuál es el gran problema con eso? Que muchos directivos de universidades han dado instrucciones para que a los estudiantes que abandonen sus estudios y dejen deudas pendientes, sin indagar sobre las razones de tales deserciones universitarias, no se les otorguen documentos oficiales, como transcripciones de créditos, hasta que salden sus deudas.

Y el gran inconveniente con eso es que los deudores que desean tener alguna evidencia de que han obtenido cierta cantidad de *créditos universitarios*, mayormente con el fin de poder solicitar empleos, no pueden proporcionar dichas evidencias. Por lo que tienden a ser tratados, por más clases que hayan tomado y por más cerca que estén de culminar sus estudios, como personas que no han asistido a una universidad.[xxxi]

Además de lo mencionado, también debe tener presente que en muchísimos países hay un montón de instituciones privadas de educación superior que, a pesar de estar acreditadas y reconocidas, se han convertido en unos asquerosos molinos de diplomas que, a cambio de exorbitantes sumas de dinero, prácticamente les garantizan a sus estudiantes —especialmente a los alocados que se mantienen matriculados a pesar de saber sobre los exorbitantes costos de la educación que reciben—: (1) que obtendrán sus diplomas; (2) que entrarán bien rapidito a las filas del desempleo; (3) que estarán mucho tiempo en las filas del desempleo; y

(4) que tendrán altísimas probabilidades de terminar fuertemente endeudados.

Y sobre el punto número cuatro antes mencionado, no está de más recordar que por eso es que uno puede ver que en muchísimos países, como en *Puerto Rico* y en los *Estados Unidos de América*, hay muchísimos recién graduados que han estudiado en universidades tan caras que, además de estar agobiados por las deudas estudiantiles, las enormes deudas que adquirieron para completar sus estudios hacen que sea poco probable que puedan, responsablemente, comprar «una casa o un automóvil o formar una familia.»[xxxii]

Esto que acabamos de mencionar nos ha hecho recordar un estudio que realizaron varios investigadores de la **Universidad de Harvard**. Según los resultados de dicho estudio, que fueron dados a conocer durante el año *2012*, muchísimos estudiantes que estudian en universidades estadounidenses que están catalogadas como instituciones privadas y con fines de lucro: (1) terminan abandonando sus estudios debido a los altos costos; (2) terminan con unas enormes deudas que muchas veces no pueden pagar; y (3) tienen menos probabilidades de ser contratados.[xxxiii]

Otro estudio que nos viene a la mente, que tiene unos resultados *cuasi* similares al estudio antes señalado, fue uno que realizaron investigadores de la **Universidad de Boston**, ubicada en los Estados Unidos de América.[xxxiv]

Según los resultados de dicho estudio, dados a conocer durante el año *2012*, las personas no deben estudiar en instituciones de educación superior que estén catalogadas como privadas y con fines de lucro por varios motivos, entre ellos, porque los estudiantes que se gradúan de dichas instituciones de educación superior:

> (1) tienen muchas probabilidades de terminar exageradamente endeudados;

> (2) tienen menos probabilidades de obtener empleos; y

> (3) tienden a ganar menos dinero que los estudiantes que se han graduado de las universidades tradicionales.

Ahora bien, es justo señalar que muchas universidades tradicionales, entre ellas algunas que están catalogadas como instituciones públicas, también pueden ser consideradas como *un gran negocio*. Aunque, obviamente, no tan lucrativo como las universidades privadas y con fines de lucro.

¿Sabe por qué indicamos eso? Por motivo de que las mencionadas universidades: (1) les ofrecen a los universitarios la oportunidad de cursar unos planes de estudios que, estadísticamente hablando, no les ayudarán a conseguir buenos empleos; y (2) están encareciendo los costos de la educación universitaria, a pesar de no tener ganadores del *premio Nobel* o del *premio Pulitzer* dentro de sus listas de profesores.

Dicho eso, es importante que realicemos una aclaración sobre esto de los costos de los estudios universitarios en las universidades públicas y privadas. Por lo regular, siempre hemos pensado que la educación universitaria debe ser bien barata. Y en algunos casos, como cuando tenemos a una una persona bien pobre o a un superdotado, pensamos que dicha educación debe ser graciosa.

Por consiguiente, estamos convencidos de que la única manera en que uno podría apoyar que la educación en una universidad pública (o por lo menos en uno de sus recintos) o en una universidad privada sea costosa, sería por el hecho de que dicha universidad tenga fama de llevar a los titulados a pensar que tienen la obligación: (1) de participar «en actividades de solidaridad»; y (2) de dedicarle «parte de su tiempo a los más necesitados.»[xxxv]

Pero eso no es todo. También creemos que una universidad puede justificar sus altos costos si, además de lo antes expresado, tiene dentro de su plantilla de profesores: (1) a varios ganadores del *premio Nobel*; (2) a varios ganadores de prestigiosos premios internacionales –como lo son el *premio Príncipe de Asturias* y el *premio Pulitzer*–; y (3) a varias personas que hayan sido consideradas para recibir el *premio Nobel*.

En esos casos, ninguna persona que tenga dos dedos de frente se atrevería a protestar por el hecho de que los costos de una universidad como la mencionada sean elevadísimos. Es indudable que en esa situación, que realmente sería un gran privilegio para muchísimas personas, se estaría pagando en aras de recibir una extraordinaria educación a manos de unas mentes privilegiadas y, sobre todo, a manos de unas personas que, debido a sus notables y excepcionales contribuciones, serán reconocidas hasta el final de los tiempos.

Dicho eso, ahora es pertinente hacer otro señalamiento. Hemos visto, particularmente durante los últimos tres lustros, que los costos de los estudios en las universidades públicas y en las universidades privadas —y aquí estamos hablando de las universidades privadas que están catalogadas como instituciones sin fines de lucro— se han elevado muchísimo. Lo que ha provocado que en muchos países de América, como en *Chile* y en los *Estados Unidos de América*, se vea que «da ira social sobre el costo de la universidad va desde padres hasta estudiantes.»[xxxvi]

Pues bien, es bien lamentable darse uno cuenta de que las mencionadas alzas en los costos de los estudios universitarios se deben, entre otras razones, al lamentable hecho de que las mencionadas universidades se han convertido en zafacones: *(1)* de personalidades; *(2)* de amantes; *(3)* de novias; *(4)* de amigos de copas; y *(5)* de amigos que están *política y/o empresarialmente* conectados.

Es decir, a cada rato uno puede ver que personas que han gozado de cierta notabilidad social y/o política —como exgobernadores, exalcaldes, exsenadores, exjefes de agencias de Gobierno, asesores políticos y analistas de noticias—, al igual que esposas, novias, amantes, hijos y amigos de decanos, políticos y empresarios, son nombrados profesores en las mencionadas instituciones de educación superior. Y lo peor de todo ello es que, casi siempre, esos buscones son contratados sin necesidad y, más lamentable todavía, con unos jugosos salarios.[xxxvii]

Sin contar que al contratarse a esos individuos, para perjuicio del conocimiento, se tienden a mandar al carajo las doctrinas que están relacionadas con el principio de mérito. Por eso es que uno puede ver, a cada rato, que las mencionadas universidades se pasan obviando, al momento de contratar *profesores universitarios*, a personas sumamente aplicadas que, a través de innumerables publicaciones y/o a través de investigaciones, han demostrado estar por encima de los que han sido contratados: (1) por motivaciones políticas; (2) por motivaciones populistas; y (3) por motivaciones relacionadas con el amiguismo.

En fin, es obvio que todas esas corrupciones e inmoralidades universitarias contribuyen con el desangramiento de las arcas de las universidades y, sobre todo, con el alto costo de los estudios universitarios. Por eso siempre se debe tener en cuenta que los mencionados buscones, que por lo regular no tienen los méritos intelectuales para ser nombrados como profesores universitarios –y que desean vivir pomposamente por medio de sus salarios como profesores–, representan una de las principales razones por las cuales los costos de la educación universitaria han aumentado muchísimo.

Debe saber, por último, que después de haber meditado profundamente no podemos encontrar una razón lógica que pueda explicar las razones por las cuales la educación universitaria es tan costosa en los *EE.UU.*, particularmente en las instituciones de educación superior: (1) que no están catalogadas como prestigiosas; y (2) que están autorizadas –por el *Gobierno de los Estados Unidos de América*– a recibir fondos federales.

Puesto que las mencionadas instituciones, debido a que están acreditadas por agencias de acreditación que están reconocidas por el *Departamento de Educación de los Estados Unidos de América*, prácticamente tienen su dinero *cuasi* asegurado. Recuérdese que dichas instituciones ganan dinero por medio de las becas que le otorga el mencionado Gobierno a los estudiantes que cursan estudios de *bachillerato*. Sin contar que también ganan un montón de dinero por medio de los préstamos estudiantiles.

Y para que usted tenga una clara idea sobre el montón de dinero que ganan las instituciones de educación superior por medio de los préstamos estudiantiles, sepa que «la deuda por los préstamos a estudiantes estadounidenses en el *2011* superó el billón de dólares.»[xxxviii]

Por consiguiente, la única razón que puede explicar todo ese costosísimo desmadre es,

Ismael Leandry Vega

innegablemente, la que establece que los altos costos de los estudios universitarios son producto: (1) de malas ejecutorias administrativas; y (2) de la codicia de muchos de los docentes y administradores que trabajan en las universidades.

De hecho, si uno analiza con frialdad el funcionamiento administrativo de muchas instituciones de educación superior que hacen negocios en los *EE. UU.* uno se puede dar cuenta, entre otros diabólicos asuntos, de que muchas universidades se han convertido en unas pequeñas mafias.

Decimos eso ya que uno puede ver que hay catedráticos, decanos, rectores, directores y presidentes de universidades que, irrazonablemente, ganan enormes cantidades de dinero sin hacer casi nada. Así, por ejemplo, uno puede ver que muchas de las mencionadas personas, año tras año, hacen lo mismo y no ganan ningún tipo de premiación internacional de elevado prestigio que esté relacionada con el intelecto superior.

Por eso siempre hemos pensado que los salarios de los profesores no deben estar basados en grados académicos ni en estúpidos rangos medievales que, indiscutiblemente, no guardan ningún tipo de relación con este tecnológico e informado mundo. Los salarios de los profesores, al igual que sus contrataciones, deben estar basados en publicaciones, descubrimientos y, sobre todo, en premiaciones internacionales.

Y sobre el asunto de la experiencia, es obvio que no se debe utilizar a la hora de otorgar aumentos de salarios. Puesto que todo profesor universitario, como regla general, tiene que tener experiencia dentro de su campo de enseñanza.

II. Advertencias a los universitarios

Como todo el mundo sabe, por ahí hay un montón de referencias que hablan sobre la importancia de la educación postsecundaria y, sobre todo, sobre lo maravillosas que son las universidades. Pero, ¿qué es una universidad? Una universidad, en apretada síntesis, es «una organización peculiar que procesa, produce, transforma, hace accesible, transmite, condensa y verifica conocimientos. Usa para ello el proceso de la información como un bien cultural (...).»[xxxix]

Ahora bien, debe notarse que la descripción antes brindada es una que se puede catalogar como inocente. Si analizamos esto fríamente podríamos decir que una universidad es un lugar en donde los estudiantes, contrario a los utópicos pensamientos que hay por ahí, vienen obligados a pagar con el fin de poder adquirir unos conocimientos que, en su inmensa mayoría, se podrían conseguir comprando y leyendo libros de manera constante.

También podríamos decir que una universidad, como ya hemos comprobado, es un negocio que adora tener estudiantes ya que, por medio de ellos, puede recibir dinero relacionado:

(1) con becas; (2) con préstamos estudiantiles; y (3) con investigaciones.

Con ese panorama en mente es indudable que a los jóvenes hay que enseñarles, especialmente a los que provienen de sectores pobres y marginados, que a la hora de escoger una universidad y una carrera universitaria no se deben dejar engatusar por los reclutadores de las instituciones de educación superior ni, sobre todo, por sus propios amigos y familiares.

En fin, a todos los jovencitos que se han graduado de las escuelas secundarias hay que enseñarles, debido a que son ignorantes y fácilmente impresionables, que a la hora de seleccionar una carrera y una institución de educación superior se debe, por lo menos, estudiar cuidadosamente «las tendencias del mercado laboral.»[xl]

También hay que advertirles sobre el hecho de que *los reclutadores de las instituciones de educación superior*, por más amigables y sinceros que se vean, son unas personas: *(1)* que protegen los intereses de los administradores de las instituciones; *(2)* que desean, al igual que sus jefes, que los jóvenes que sean matriculados gasten fuertes sumas de dinero en las instituciones; *(3)* que no están interesadas en el hecho de que las carreras que escojan los jovencitos tengan poca demanda en los mercados laborales; y *(4)* que no están interesadas en el hecho de que los universitarios, una vez graduados, pasen meses o varios años en las filas del desempleo.

Y en el caso de los universitarios más maduritos, como esos que están cerca de culminar sus *bachilleratos o licenciaturas*, hay que decirles que no se deben dejar impresionar por las palabras maestrías y doctorados. La idea es que esos jóvenes se percaten de que hoy en día, al igual que en el futuro, la inmensa mayoría de los *posgrados* son, por decir lo menos, unas tremendas porquerías que no sirven para casi nada. Y sobre esto último, no está de más que los jóvenes sean advertidos sobre el hecho de que son innumerables las referencias que certifican que los *posgrados*, con algunas notables excepciones, «garantizan más deudas, no mayores ingresos o trabajo.»[xli]

Tampoco está de más que se les recuerde a los universitarios que están deseosos de entrar a las *escuelas de posgrados*, que «deben ser más escépticos cuando les muestren las estadísticas sobre ingresos, deudas e inserción laboral relativas a las escuelas de posgrado (...).»[xlii]

Puesto que casi todos los empleados que están encargados de recopilar y mostrar tales estadísticas son, por decir lo menos, unos viles embusteros que manipulan los datos con el fin de que las instituciones para las cuales trabajan ganen mucho dinero. Y ni hablar de los catálogos que muestran tales cifras, pues casi todos esos documentos se hacen con cifras engañosas que están bien alejadas de la realidad laboral.

Tampoco está de más que los estudiantes sean advertidos sobre el hecho de que los mercados laborales, particularmente en Europa y en

Ismael Leandry Vega

Norteamérica, están sobresaturados con personas que tienen másteres y doctorados obtenidos en instituciones de educación superior que están acreditadas. Y que eso se debe al hecho de que hoy en día, para perjuicio de la utilidad de los *posgrados*, la mayoría de las instituciones de educación superior, especialmente las que están en el fondo de los ránquines que están relacionados con el prestigio de las *escuelas de posgrado*, se han vuelto demasiado amigables a la hora de otorgar diplomas de posgrado.

De hecho, se sabe que la inmensa mayoría de las instituciones de educación superior que – además de ofrecer posgrados– están catalogadas como instituciones banales, desconocidas, privadas y con ánimos de lucro, se pasan entregándoles diplomas de *maestría & doctorado* a todos aquellos necios que hayan tenido el tiempo y el dinero para culminar dichos niveles educativos. Por eso no es nada extraño ver que, a cada rato, se les confieran *doctorados & maestrías* a boxeadores, modelos, basquetbolistas y artistas populares.

Dicho eso, es de notar que líneas arriba indicamos que los jóvenes tienen que tener mucho cuidado con los consejos que les brindan sus familiares a la hora de escoger una carrera universitaria. Pues bien, debe saber que indicamos eso por motivo de que en muchas ocasiones, para perjuicio de los jóvenes, las recomendaciones de los familiares están basadas en deseos incumplidos.

Así, por ejemplo, no es raro ver que un progenitor que siempre deseó ser abogado le diga a su hijo que estudie abogacía, a pesar de que esa carrera está sobresaturada y a pesar de que se ha demostrado que dicha carrera, que es absurdamente costosa en muchísimos países, ya no es una buena forma para poder salir de la pobreza ni para poder conseguir un empleo estable.[xliii]

Ya que hemos hablado de la abogacía, no está de más mencionar que dicha profesión está, particularmente en los *Estados Unidos de América*, bien jodida. Al punto de que ahora es común que uno pueda observar: (1) a abogados perdiendo sus puestos de trabajo por motivo de que sus empleadores realizaron recortes de personal; y (2) a abogados jóvenes retirándose de la abogacía debido, principalmente, a que no pueden generar el dinero suficiente para poder tener una calidad vida sin tantas preocupaciones económicas.

Sobre el punto número uno antes indicado no está de más señalar que en los *Estados Unidos de América*, durante el año *2009*, cerca de cuarenta y dos mil abogados, contrario a esa pendeja creencia popular que establece que la abogacía es una buena forma para ganar buen dinero, fueron a parar a las filas del desempleo debido a que fueron echados de sus trabajos por razones puramente económicas.[xliv]

Por último, es importante que los jóvenes sean advertidos sobre un asunto que casi siempre es aprendido cuando se está entradito en edad, a saber, que una cosa es la educación universitaria destinada a obtener un grado académico y otra cosa es la educación que uno mismo se da por medio del estudio incesante.

Sobre eso, lo primero que hay que decirles a los jóvenes es que los grados académicos, con honrosas excepciones, no ayudan a tener un vasto conocimiento sobre cómo es que funciona este contaminado mundo de mierda que está lleno de egoístas, embusteros, materialistas, cortabolsas, defraudadores, egocéntricos, consumistas y pendejos. Y eso, por decir lo menos, es un asunto bien peligroso. ¿Sabe por qué? Porque «la única defensa contra el mundo es un conocimiento perfecto de él.»[xlv]

Dicho eso, cabe preguntarse por qué los estudios universitarios, con notables excepciones, no ayudan a tener un vasto conocimiento sobre cómo es que funciona la sociedad. Por motivo de que la mayoría de las instituciones de educación superior, especialmente las que ofrecen posgrados, no hacen más: (1) que proteger el *statu quo*; y (2) que repetir los pensamientos y deseos establecidos por los máximos representantes del *statu quo*.

De hecho, se sabe que muchísimas instituciones de educación superior reciben fondos de empresas multinacionales y billonarias. Y que dichos fondos son otorgados con el fin de que los universitarios sean adoctrinados y, posteriormente, terminen apoyando, entre otras monstruosidades, el neoliberalismo, la supremacía de los bancos, la hegemonía de las casas evaluadoras de crédito y, sobre todo, el hecho de que ciertos banqueros tengan *carta blanca* para hacer lo que les dé la gana.

También se sabe que los *Gobiernos*, unos más que otros, desean que los universitarios sean adoctrinados con el fin de que no tengan pensamientos escépticos ni se conviertan en críticos de asuntos que estén relacionados: (1) con el funcionamiento del *Gobierno*; (2) con la política y la «partidocracia»; y (3) con las luchas de clases.

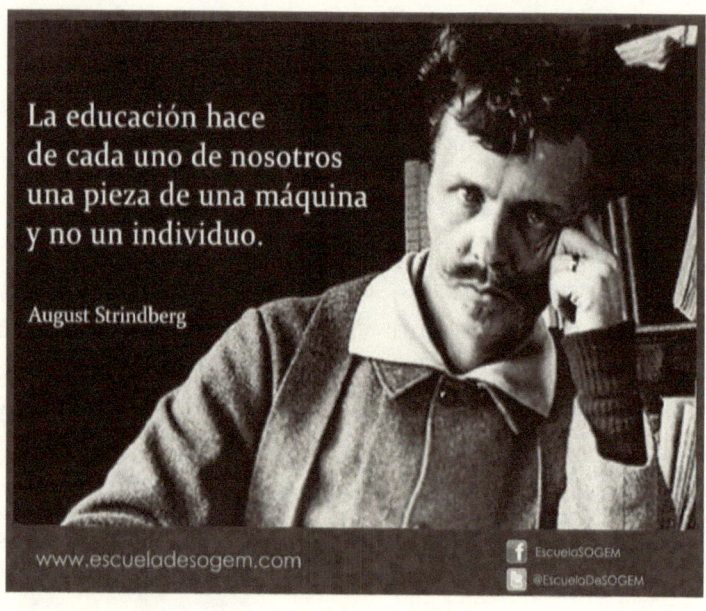

La educación hace
de cada uno de nosotros
una pieza de una máquina
y no un individuo.

August Strindberg

www.escueladesogem.com — EscuelaSOGEM / @EscuelaDeSOGEM

En fin, los jóvenes deben ser advertidos sobre el hecho de que la educación universitaria, con notables excepciones, lo que busca es que tengan *(los jóvenes)* pensamientos robotizados y que no desarrollen destrezas adecuadas que estén relacionadas con el razonamiento lógico y crítico que se debe tener a la hora de analizar asuntos sociológicamente importantes.

Ismael Leandry Vega

Sin contar que también buscan que los jóvenes tengan pensamientos conformistas, específicamente sobre todo lo que esté relacionado con las estructuras e injusticias sociales que están presentes en todas las sociedades, particularmente en las capitalistas, consumistas y neoliberales.

Otro importante asunto que deben conocer los jóvenes, especialmente los que están prestos a comenzar estudios de posgrado, es que existe una dimensión del conocimiento que, además de que está fuera de las aulas universitarias y fuera de los libros de texto que están catalogados como oficiales, está repleta de conocimientos valiosísimos. Y también deben conocer que la mencionada dimensión del conocimiento está repleta de unos conocimientos que, analizados con profundidad intelectual, son mejores que los conocimientos que se pueden adquirir en una de esas costosísimas escuelas de posgrados.

Ahora bien, es importante aclarar que no nos estamos refiriendo: (a) a todas esas charrerías populistas llamadas *pseudociencias*; ni (b) a todos esos fantasiosos consejos que abundan por ahí que, alocadamente, están bien alejados del pensamiento racional.

Nos estamos refiriendo al hecho de que hay un sinnúmero de libros y artículos, muchísimos de ellos escritos por formidables y profundos intelectuales, que no se utilizan en las instituciones de educación superior por motivo de que sus contenidos critican y señalan de maneras severas y profundas: (1) los pensamientos popularistas y dominantes; y (2) las acciones y deseos de los máximos representantes de ese peligroso y abominable estercolero llamado *statu quo*.

En fin, los mencionados jóvenes deben estar enterados –desde tempranito– de que por ahí hay un montón de referencias tan maravillosas, pero a la misma vez tan odiadas por muchos de esos aburridos repetidores de la normalidad que laboran en las instituciones de educación superior, que son sumamente valiosas: (1) para tener un buen conocimiento del mundo; y (2) para despertar de ese abominable letargo que no nos permite analizar ni ver la realidad tal como es.

Teniendo en mente lo antes discutido, somos de opinión de que los jóvenes que están prestos a entrar a una escuela de postgrado con el fin de endeudarse significativamente –y en aras de adquirir una educación banal y un diploma de pacotilla–, también deben ser informados sobre el hecho de que no necesitan proseguir estudios a nivel de posgrado, una vez culminen sus estudios de *bachillerato o licenciatura*, si lo que buscan es satisfacer sus deseos de adquirir conocimientos. Puesto que en estos tiempos de la modernidad, en donde abundan las librerías, las bibliotecas y los libros electrónicos, «la verdadera universidad (...) es una colección de libros.»[xlvi]

Y a los que puedan dudar sobre el hecho de que se pueda obtener una buena educación abrazando un método de estudio autodidacta y

Ismael Leandry Vega

leyendo continuamente libros que hayan sido escritos por grandes mentes, les decimos que si uno analiza la vida de algunos de esos extraordinarios seres humanos que han realizado grandes aportaciones al conocimiento y al bienestar de la raza humana uno se puede dar cuenta, en lo pertinente, de que sus insaciables hábitos de lectura han confirmado las palabras **Ralph Waldo Emerson**. ¿Y qué fue lo que dijo *Ralph*? Que «en muchas ocasiones la lectura de un libro ha hecho la fortuna de un hombre, decidiendo el curso de su vida.»[xlvii]

III. El fin de la pompa universitaria

Comenzamos la discusión diciendo que en estos tiempos de la modernidad estamos viendo algo sumamente espantoso y preocupante, a saber, que «ya sea porque están *sobrecualificados*, estudiaron una profesión que está saturada en el mercado laboral o por culpa de la recesión económica, es un hecho que a los jóvenes (...) les resulta cada vez más difícil alcanzar la independencia económica.»[xlviii]

Debe notarse que mencionamos la palabra recesión. Pues bien, es importante recordar eso por motivo de que la *Gran Recesión* que ha estado azotando al mundo, aunque en algunos países ha llegado a convertirse en una agobiante depresión económica: (1) destrozó la burbuja universitaria; y (2) demostró que la inmensa mayoría de los grados académicos que confieren las universidades, especialmente muchos posgrados, no sirven para conseguir buenos empleos en el mercado laboral.

Además de eso, es indudable que la mencionada recesión económica también demostró que la utilidad de los grados académicos, particularmente la utilidad de los postgrados, es mucho mayor cuando existen burbujas económicas que permiten que las economías de los países estén boyantes. Eso quiere decir: (1) que las burbujas universitarias van de la mano de las burbujas económicas; y (2) que tan pronto las burbujas económicas se rompen, cae fuertemente la utilidad y la importancia de la inmensa mayoría de los grados académicos.

Ismael Leandry Vega

Dicho eso, es necesario que realicemos un pequeño paréntesis en la discusión para explicar qué significa *recesión económica* y *burbuja universitaria*. Sobre el primer asunto, tenemos que decir que «los economistas difieren sobre la definición de recesión económica, pero comúnmente ocurre cuando se acumulan dos trimestres consecutivos de crecimiento negativo (una caída del producto interno bruto, PIB).»[xlix]

Sobre el asunto de la *burbuja universitaria*, que podemos decir que está vigente cuando la economía de un país está boyante y hay mucho dinero moviéndose de mano en mano, debe saber que es una situación en donde: (1) se ve que las personas que han recibido una educación universitaria pueden conseguir fácilmente empleos decentes y, por consiguiente, una vida sin tantas preocupaciones económicas; y (2) la mayoría de los empleadores y reclutadores le otorgan gran respeto y admiración a los grados académicos, al punto de que le otorgan más importancia a la educación que a la experiencia laboral a la hora de contratar personal.

Es significativo que se tenga en cuenta, además, que, cuando la burbuja universitaria está vigente uno puede ver que la mayoría de los jóvenes, apoyados y exhortados por sus propios familiares, desean realizar estudios universitarios, inclusive, en universidades que tienen fama de ser costosísimas.

Es bueno saber, además, que, cuando las burbujas universitarias están en todo su apogeo uno también puede ver que las personas que se han graduado de las universidades, inclusive de universidades acreditadas que están en el fondo del prestigio universitario, no temen estar pregonando por todos lados –inclusive en los *curriculum vitae et studiorum*– los grados académicos que han logrado obtener.

Debe saber, además, que, cuando las burbujas universitarias están en todo su apogeo uno puede ver que muchísimas personas que se han titulado, especialmente las que han obtenido posgrados: (1) miran con gran desdén a todas aquellas personas que, honrosamente, se gana el pan de cada día trabajando en unas ocupaciones que están consideradas –mayormente por los vanidosos– como *«chatarra-empleos»*; y (2) no desean trabajar en *«chatarra-empleos»* ni en empleos que, aunque relacionados con sus áreas de estudio, tengan salarios de hambre.

Es de saber, por último, que cuando las burbujas universitarias están en todo su apogeo uno también puede notar que el pensamiento colectivo, con relación a la educación universitaria, está en sintonía. *¿Y cuál es esa sintonía?* Que la educación universitaria es dizque una pieza clave: (1) para salir de la pobreza; y (2) para poder desarrollar un pensamiento adecuado.

Cerrado el paréntesis y explicado qué es una burbuja universitaria ahora debemos mencionar, en lo pertinente, que, cuando las *burbujas universitarias* se rompen debido a las recesiones o depresiones económicas hay un gran cambio en el pensamiento colectivo. Al punto de que uno puede ver, entre otros cambios, que muchas de las creencias y acciones que eran corrientes durante la vigencia de las burbujas universitarias acaban, primordialmente, siendo suprimidas por cuestiones económicas y laborales.

Así, por ejemplo, cuando las burbujas universitarias se rompen uno puede notar que muchísimas personas, en especial los jóvenes que han notado que los papeles para limpiar los hediondos culos son más útiles que los papeles que se utilizaron para imprimir sus *diplomas universitarios,* comienzan a decir que adquirir una preparación académica avanzada «no garantiza una buena vida.»[1]

Y no nos podemos olvidar de las personas que, por tener unas mentes tan analíticas, notan y pregonan –para desazón de los que adoran los pensamientos utópicos– que las recesiones y depresiones económicas: (1) destrozan las burbujas universitarias; y (2) provocan la aparición de un nefasto asunto social, a saber, una nueva clase de pobres.

¿Y quiénes son esos nuevos pobres que, a causa de las recesiones y depresiones económicas, florecen con el rompimiento de las burbujas universitarias? Personas educadas, muchas de ellas con posgrados, que por perder sus puestos de trabajo o por no poder conseguir buenos trabajos tienen que vivir, para su desgracia y para desgracia de sus familiares, por debajo o bien cerquita de los niveles de pobreza.[li]

Con estudios...
pero sin trabajo

Además de lo mencionado, no nos podemos olvidar de otro asunto sumamente curioso, a saber, cuando las recesiones económicas destruyen las burbujas universitarias no es raro observar, entre otros asuntos, que la inmensa mayoría de las empresas que sobreviven a las hecatombes económicas terminen poniéndose bien duras a la hora de reclutar personal. Y esa dureza es tal que, para perjuicio de los recién titulados, muchas empresas:

1. dejan de reclutar personas que no tengan experiencias laborales;

2. instituyen unas políticas administrativas que establecen que «son capaces de hacer más con menos gente»; y

3. establecen unas políticas de reclutamiento que establecen que, en caso de necesitar personal, únicamente contratarán «a los mejores.»[lii]

Ismael Leandry Vega

Teniendo lo anterior en mente ahora debemos señalar, que, cuando las burbujas universitarias están en todo su apogeo en los países capitalistas y consumistas debido a que sus economías están boyantes, las instituciones de educación superior tienen la misión, como ha dicho el *Departamento del Trabajo de Puerto Rico* — por voz de su principal director, a saber, un señor que se llama Miguel Romero—, de «preparar a las personas para un buen empleo en el Gobierno o en el sector privado.»[liii]

Pues bien, cuando las recesiones económicas destruyen las burbujas universitarias vemos que muchas instituciones de educación superior se vuelven tan cínicas y descaradas que, después de haberles cobrado enormes sumas de dinero a los estudiantes, les dicen a los jóvenes que los *grados académicos* que han obtenido no les serán de mucha ayuda para poder conseguir empleos estables.

Un buen ejemplo que demuestra lo antes mencionado, y que también demuestra que la inmensa mayoría de los grados académicos se han convertido –en estos tiempos de *recesiones* y *depresiones económicas*– en unas costosísimas mierdas, proviene desde Puerto Rico.

Allí, reveladoramente, el *Dr. Manuel J. Fernós*, director de la **Universidad Interamericana de Puerto Rico**, le manifestó a un nutrido grupo de graduados –durante una ceremonia de graduación durante el año 2008– que debían pensar en el «autoempleo.»[liv] Puesto que la dura depresión económica que estaba azotando a la frágil economía puertorriqueña, lamentablemente, había ocasionado que hubieran pocas plazas de empleo en el sector público y en el sector privado.

Dicho eso, es obvio que es necesario hacer un pequeño paréntesis en la discusión. *¿Sabe para qué?* Para poder decir que si uno analiza esas palabras con gran profundidad uno no puede más que sentir enfado y, sobre todo, lástima. Y hay que sentir enfado por motivo de que es altamente probable que los reclutadores de la mencionada universidad, al igual que los reclutadores de otras instituciones privadas de educación superior, no les advirtieron a los titulados, particularmente cuando se matricularon y escogieron sus planes de estudio, que existían unas altísimas probabilidades de que sus grados académicos *no* les iban a servir para conseguir buenos empleos ni en el *Gobierno* ni en la empresa privada.

También hay que sentir enfado por motivo de que acciones como las mencionadas no hacen más que confirmar, en lo pertinente, que a la inmensa mayoría de los acaudalados dueños y presidentes de las instituciones privadas de educación superior no les importa un carajo lo que ocurra con sus titulados.

Lo más importante para ellos, evidentemente, es cobrar las cuotas universitarias, entregarles los «*mierda-diplomas*» a los graduados y, después de exprimirlos económicamente (a los universitarios), darles (a los graduados) unas buenas patadas en los culos con el fin de que los pupitres universitarios sean ocupados por sus nuevas víctimas, o sea, por los estudiantes de nuevo ingreso.

Cerrado el paréntesis, ahora debemos mencionar otra nefasta consecuencia que es común cuando se rompe una burbuja universitaria. Y el nefasto asunto es que la inmensa mayoría de los grados académicos, aunque sean avanzados, no funcionan para asegurar un buen empleo durante una recesión o depresión económica.

Por eso es que uno puede ver, entre otras nefastas acciones laborales, que a la hora de recortar empleos por motivaciones puramente económicas a los empleadores *no les tiembla la mano* a la hora de botar personal. Al punto de que botan, si es necesario, a madres solteras y a titulados.

Y para corroborar lo antes dicho, no está de más que se le eche una miradita a un análisis que realizó el **Departamento del Trabajo de los Estados Unidos de América**. Según los resultados de dicho análisis, en los EE.UU. fueron despedidas –durante el año 2010– cerca de cien mil (100,000) personas que laboraban en *gobiernos locales,* es decir, en gobiernos municipales y en gobiernos de ciudades. Y téngase en cuenta que la inmensa mayoría de los despedidos, que contaban con bachilleratos y maestrías en educación, ofrecían servicios relacionados con la educación.[lv]

Debe notarse que indicamos líneas arriba que, cuando las *burbujas universitarias* están en todo su apogeo –debido a que las economías están boyantes– uno puede ver que los titulados plasman por todos lados los grados académicos que han obtenido. Pues bien, es bien curioso notar que uno puede ver que muchísimos de los recién titulados, particularmente los que andan en busca de empleos que les puedan proporcionar algún grado de estabilidad laboral, dejan de hacer lo antes mencionado cuando las burbujas universitarias son reventadas.

¿Sabe por qué hacen eso? Por motivo de que no desean que los pocos empleadores y patronos que contratan personal durante las *recesiones* y *depresiones económicas*: (1) vean que ellos (los recién titulados) están sólidamente preparados; ni (2) les clasifiquen como personas que están *sobrecalificadas*. En fin, los recién titulados –especialmente los que han cursado estudios doctorales– no desean ser laboralmente rechazados por motivo de que están *sobrecalificados*.[lvi]

Dicho eso, cabe realizar la siguiente pregunta: ¿por qué muchas personas que han logrado obtener *posgrados* y andan buscando trabajo durante las recesiones económicas tienen que estar mintiendo en las solicitudes de empleo, con el fin de no ser señaladas como personas que están *sobrecalificadas*?

Por motivo de que la inmensa mayoría de los empleadores que reclutan personal durante las recesiones y depresiones económicas, que la mayoría de ellos lo que ofrecen son unos trabajitos que ofrecen bajos sueldos y pocos beneficios marginales, no desean contratar personas que tengan una sólida preparación académica. Por motivo de que piensan que los sólidamente preparados, al estar tan bien preparados, abandonarán sus puestos de trabajo tan pronto puedan conseguir mejores empleos.[lvii]

Sin contar que también están los empleadores que piensan que los *sobrecalificados*, al trabajar en unos empleos que no pueden reconocer sus *grados académicos* por motivaciones puramente económicas –y por tener que trabajar en unos trabajitos que tienen unos salarios que no están acordes con la preparación académica–, no se esforzarán lo suficiente durante sus turnos de trabajo.

Y ni hablar de los patronos que, ilegalmente, se pasan ofreciendo unos *«mierda-empleos»* en donde son comunes y corrientes las violaciones a las normativas laborales. Puesto que esos listos patronos, por lo regular, piensan que las personas con estudios universitarios son unos potenciales problemáticos que, al ver las continuas violaciones a las normativas laborales, les radicarán querellas ante las *agencias gubernamentales* que están encargadas de proteger a los trabajadores.

¿Y qué significa eso para las personas que están *sobrecalificadas*? Que tienen, especialmente durante tiempos de recesiones y depresiones económicas –en donde estallan las burbujas universitarias–, pocas oportunidades de conseguir empleos dentro de las economías subterráneas.

Debe notarse que manifestamos líneas arriba que los «*mierda-empleos*» tienden a aumentar significativamente durante las recesiones económicas, particularmente en los países capitalistas y consumistas. Pues bien, cabe preguntar si usted sabe por qué ocurre eso.

Es indudable que podríamos plasmar varias explicaciones. Pero una de gran peso es la que establece que la inmensa mayoría de los ciudadanos de los países mencionados, al ver los estragos económicos y laborales que ocasionan las recesiones y las depresiones económicas, tienden a buscar ahorros.

Y dichos ahorros, como nos ha enseñado esta agobiante depresión económica, los suelen conseguir: (1) en comercios que venden comidas rápidas; y (2) en tiendas por departamentos que se distinguen por vender a bajo costo. Y como los ciudadanos abarrotan los mencionados comercios, es obvio que dichos comercios aumentan sus nóminas en aras de poder suplir las enormes demandas de los empobrecidos consumidores.[lviii]

No podemos dejar de mencionar, por otro lado, un asunto que, además de ser considerablemente aterrador, está relacionado con la destrucción de las *burbujas universitarias*. Y el espantoso asunto es que una vez se destruye la burbuja universitaria en un país, por motivo del azote de una *fuerte recesión económica* (o por una *depresión económica*), dicha burbuja se tarda varios lustros en volver a inflarse.

Lo que ocasiona, penosamente, que la mayoría de los jóvenes que se gradúen de las instituciones de educación superior durante los mencionados años no tengan, tristemente, mucha suerte a la hora de tratar de conseguir buenos empleos.

Dicho eso, nos imaginamos que algunos se estarán preguntando las razones por las cuales manifestamos lo anterior. Valga saber que mencionamos eso por motivo de que hay múltiples referencias relacionadas con las *ciencias económicas* que certifican, en lo pertinente, que cuando un país es azotado por una depresión económica o por una fuerte recesión económica dicho país se tarda cerca de *veinte años* en volver a alcanzar una adecuada prosperidad económica y laboral.[lix]

Para concluir, debe notarse que indicamos que hemos estudiado varias fuentes de información que están relacionadas con las *ciencias económicas*. Pues bien, debe saber que las «ciencias económicas» son las «ciencias que estudian el pasado o la historia de la economía, aquellas que estudian la actualidad económica, y las que buscan predecir los comportamientos futuros de las economías.»[lx]

IV. Explosión universitaria en ejemplos

Llegados a este punto de la discusión, entendemos que es hora de plasmar varios ejemplos que demuestren los estragos que ha causado la ruptura de la burbuja universitaria en distintas partes del mundo. Y el primer ejemplo que plasmaremos proviene de los *Países Bajos*.

Allí, durante el año 2012, vimos que a pesar de que los niveles del desempleo –comparándolos con los del resto de la *Unión Europea*– estaban algo bajos, la realidad es que muchas personas bien educadas y con vastas experiencias laborales no podían –y todavía no pueden– conseguir empleos estables y bien remunerados.

Pero lo más dramático que está ocurriendo en ese país europeo es que cada vez hay más personas educadas y desempleadas que, para su tristeza, tienen que depender de los comedores sociales para poder alimentarse adecuadamente.[lxi]

Y si nos movemos a *China*, que en este momento se ha convertido en la primera potencia mundial, veremos que la situación para muchos jóvenes que se han graduado de las instituciones de educación superior, contrario a la creencia popular, tampoco es la mejor.

Indicamos eso por motivo de que la desaceleración de la economía china, para desgracia de los jóvenes universitarios, «ha descarrilado las carreras de miles de graduados universitarios que estudiaron computación, administración y otras especialidades en demanda durante el auge» económico.[lxii]

Y téngase en cuenta que la mencionada desaceleración dentro del vasto territorio chino está ocasionando lo mismo que ha estado ocurriendo —y que seguirá ocurriendo por muchos años— en la mayoría de los países europeos y americanos, a saber, que no existan «suficientes empleos de buena paga, ni oportunidades para despegar los pies del plato.»[lxiii]

Por lo que es común que la mayoría de los chinos que se han titulado recientemente, después de agarrar sus diplomas universitarios, terminen trabajando en empleos: (1) con baja paga; (2) a tiempo parcial; y/o (3) que no tengan ninguna relación con sus áreas de estudio. Y no nos podemos olvidar de ese montón de jóvenes que, después de haber realizado tantos esfuerzos en las universidades chinas, tienen la desgracia de permanecer desempleados por mucho tiempo.

En fin, la cosa está tan jodida para muchos chinos que han cursado estudios universitarios que, para desgracia del *ego*, es común observar: (1) que muchas chinas bien educadas estén «dedicándose al trabajo doméstico», concretamente a faenas que están relacionadas con el cuido de niños y con la limpieza de hogares; y (2) que muchos chinos, después de amarrarse sus títulos a sus cuellos, pasen mucho tiempo desempleados o trabajando en unos trabajos poco deseables para sus niveles de conocimiento, «como en restaurantes o en tiendas.»[lxiv]

Como se ha visto, la información plasmada está relacionada con el *Viejo Mundo*. Pasemos ahora a ver lo que está ocurriendo acá, en el *Nuevo Mundo*. La primera mirada se la daremos a México, particularmente a su Distrito Federal. Allí, según un análisis dado a conocer -durante el año 2012- por la **Secretaría del Trabajo y Fomento al Empleo** del Gobierno del Distrito Federal, uno puede ver, entre otros tristes asuntos, que a pesar de que siete de cada diez desempleados «cuentan con estudios de educación media superior, profesional, maestría o doctorado, sólo 20 por ciento en promedio logran incorporarse al mercado laboral.»[lxv]

Visto eso, ahora pasemos a ver lo que está ocurriendo en *Puerto Rico*, un pequeño archipiélago caribeño que se distingue por su marcada violencia y por tener muchísimos narcotraficantes. Lo primero que tenemos que decir es que la *burbuja universitaria puertorriqueña*, que se distingue por tener

Ismael Leandry Vega

unos eslóganes que les dicen a los jóvenes que si estudian pueden dizque salir de la pobreza y contribuir significativamente con el mejoramiento de la sociedad, está totalmente rota.

Al punto de que la mayoría de los jóvenes que se gradúan de las *universidades puertorriqueñas*, incluso los que tienen maestrías y doctorados: (1) no tienen muchas oportunidades de poder conseguir buenos empleos en Puerto Rico; y (2) se ven forzados a trabajar en unos *«chatarra-empleos»* que, para su consternación, no están relacionados con sus áreas de estudio.

Por eso no es extraño ver que muchos de esos titulados, con gran dolor, se vean forzados a emigrar hacia los Estados Unidos de América en aras de buscar unos buenos empleos que estén relacionados con sus áreas de estudio. Sin contar que también están los empleados que, por recibir unos salarios tan miserables, se van hacia los *EE.UU.* en busca de mejores salarios. Por eso es que el éxodo de enfermeras, contables, policías, maestras, ingenieros, arquitectos y trabajadores sociales hacia los *EE.UU.* es enorme y constante.

Y téngase en cuenta que lo antes dicho es, solamente, una ligera introducción que describe cuál es el estado de situación en Puerto Rico (nuestra patria). Cuando uno sigue analizando el panorama universitario y laboral en Puerto Rico, uno no puede más que sentir pena por los recién graduados que, con muchos esfuerzos, han obtenido algún tipo de titulación universitaria.

Decimos eso porque Puerto Rico ha llegado a un punto en donde la mayoría de los diplomas que entregan las instituciones de educación superior, y ténganlo muy presente los necios que se pasan dando conferencias sobre autoayuda, únicamente sirven para limpiar culos embarrados y apestosos.

Señalamos eso por motivo de que el mercado laboral está —y estará por varias décadas— en severa crisis. Al punto de que: (1) ni la empresa privada ni el sector gubernamental pueden —ni podrán por varias décadas— ofrecerles buenos empleos a la mayoría de los cerca de quince mil universitarios que, todos los años, se gradúan de las instituciones de educación superior; y (2) es más fácil —y será más fácil— ser asaltado que conseguir un empleo estable y bien remunerado.

Debe tenerse en cuenta que el principal fundamento para poder sostener nuestra amarga tesis está basado en el hecho de que varios economistas locales y extranjeros han certificado, en lo pertinente, que la economía de Puerto Rico, para tristeza de los jóvenes universitarios que desfilan durante las graduaciones, cayó en «*depresión*

Ismael Leandry Vega

económica» durante el año 2006. Lo que significa, según análisis altamente conservadores, que Puerto Rico —que actualmente sigue en depresión económica— no alcanzará niveles adecuados de prosperidad económica y laboral hasta el año «2032.»[lxvi]

Llegados a este punto de la discusión, debe saber que ahora vamos a plasmar varias evidencias: (1) que confirmarán lo antes discutido; y (2) que harán llorar a todos esos universitarios que, utópicamente, piensan que la obtención de grados académicos es dizque una buena forma para salir de la pobreza. La primera evidencia que plasmaremos, está relacionada con la **Oficina del Censo de los Estados Unidos de América.**

¿Sabe por qué? Porque dicha oficina encontró, luego de haber realizado un cuidadoso estudio sobre la situación laboral de los jóvenes que se han graduado de las universidades puertorriqueñas, que en Puerto Rico había –para el año 2011– cerca de trecientos cincuenta mil jóvenes –entre las edades de 21 a 35 años de edad– que, a pesar de contar con estudios universitarios: (1) estaban desempleados; y (2) estaban dependiendo del dinero de sus progenitores.[lxvii]

La otra evidencia, que demuestra que el mercado laboral puertorriqueño no puede —ni podrá— darle la mano a la inmensa mayoría de las personas que se están graduando de las universidades, indica que el mercado laboral puertorriqueño se está achicando todos los años, al punto de que la pérdida de empleos es constante e imparable.

De hecho, varios análisis laborales y económicos han demostrado que el mercado laboral puertorriqueño, entre el 2006 al 2010, perdió cerca de «*174,000 empleos.*»[lxviii] Y lo más triste que revelan tales análisis es: (1) que la mayoría de los empleos perdidos requerían algún nivel de educación universitaria; y (2) que la desaparición de las plazas de empleo seguirá su vertiginoso y peligroso ritmo por varios lustros.

Pero lo que estamos discutiendo se torna más negro todavía. Decimos eso porque la información que plasmaremos demuestra que la mayoría de los puertorriqueños que viven en Puerto Rico, por más grados académicos que logren obtener, no podrán salir de las filas de la pobreza. Lo que significa, y ténganlo muy presente los utopistas, que ese popular eslogan que establece que la educación universitaria es una buena vía para salir de la pobreza no es de aplicación en Puerto Rico. Nos explicamos.

En Puerto Rico, utilizando las guías socioeconómicas locales, la inmensa mayoría de los estudiantes universitarios pertenecen a la clase media y a la clase baja. Además, la mayoría de los trabajadores que cuentan con grados universitarios pertenecen a la clase media.

Ahora bien, no se puede pasar por alto, que, si utilizamos las guías socioeconómicas que ha

Ismael Leandry Vega

preparado el *Gobierno Federal de los Estados Unidos de América* sobre los niveles de pobreza descubriremos, en lo pertinente, que la mayoría de los universitarios y trabajadores puertorriqueños pertenecen a la clase pobre y jodida.

Pues bien, el oscuro y nefasto asunto está en el hecho de que los universitarios que pertenecen a la clase media, una vez se gradúen de las instituciones de educación superior que operan en territorio puertorriqueño, tienen muchísimas probabilidades de bajar a la clase baja. Y en el caso de los recién titulados que pertenecen a la clase pobre, debe saber que la cosa está tan mala que la inmensa mayoría de ellos permanecerán, por más doctorados y/o maestrías que enganchen en las paredes de sus hogares, en la clase baja.

Decimos eso por motivo de que son abundantes los análisis que han demostrado que la movilidad socioeconómica en Puerto Rico es —y será así por varias décadas—, para consternación de los que han gastado enormes sumas de dinero en posgrados, un asunto *cuasi* inexistente.

Sin contar que también abundan los análisis que certifican que en Puerto Rico, injustamente, la brecha entre los ricos y los pobres cada año se hace más ancha. Lo que significa, simplificado *en arroz y habichuelas*, que los ricos se están haciendo más ricos y que los pobres, por decir lo menos, cada día están más jodidos, empobrecidos y endeudados.

Lo antes mencionado se puede corroborar por medio de la lectura de un análisis que fue realizado por investigadores del *Centro de Estudios Latinoamericanos David Rockefeller de la* **Universidad de Harvard**. Decimos eso puesto que ese revelador estudio demostró, para preocupación de los universitarios que pertenecen a la clase media, que «Puerto Rico tiene niveles de desigualdad más altos que algunos de los estados más pobres de los Estados Unidos de América.»[lxix]

A lo dicho habría que sumarle una reveladora e interesante investigación que realizaron investigadores acreditados de la **Organización de las Naciones Unidas para la Educación, la Ciencia y la Cultura**. ¿Sabe por qué? Por motivo de que los resultados de dicha investigación —que fueron dados a conocer durante el año 2007— demostraron, en lo pertinente, que Puerto Rico «es el cuarto país en donde la desigualdad social es mayor entre pobres y ricos.»[lxx]

Y no está de más que le echemos una miradita a un análisis que fue realizado por la *Dra. Linda Colón*, catedrática de la **Universidad de Puerto Rico** y exdirectora de la Oficina de Comunidades Especiales. Ello, por razón de que dicho análisis demostró, en lo pertinente: (1) que «Puerto Rico es uno de los países de mayor desigualdad social de América»; y (2) que en Puerto Rico «el 1% de la población es la que tiene la mayor parte de los ingresos y la mayor parte de la riqueza; el *20%* tiene el *60%*.»[lxxi]

Por último, es de saber que el último dato que plasmaremos corrobora una amarga tesis que tenemos, a saber, que la inmensa mayoría de los habitantes de Puerto Rico –tanto los que viven en el presente como los que vivirán en el futuro– tienen la obligación de comenzar a internalizar el hecho de que los grados académicos que obtengan únicamente les permitirán conseguir unos trabajitos que, lamentablemente, solamente les ofrecerán unos miserables salarios y unos *«mierda-beneficios.»*

Y téngase en cuenta que el dato que plasmaremos está relacionado con una reveladora investigación que realizaron analistas del **Centro para la Nueva Economía**, ubicado en Puerto Rico. ¿Sabe qué indica el mencionado análisis? Que en Puerto Rico, para consternación de los progenitores que hacen enormes sacrificios en aras de que sus hijos estudien en universidades, «la clase media (...) parece destinada a desaparecer.»[lxxii]

Con todo lo anterior en mente, podemos decir que los datos que hemos estado brindando demuestran, más allá de duda razonable, que Puerto Rico ha llegado a un punto en donde ni el trabajo duro ni la educación les permiten —ni les permitirán— a la mayoría de los boricuas poder vivir sin tantas preocupaciones económicas. También lo anterior es nefasto porque demuestra que las riquezas que hay en Puerto Rico se mantendrán, de generación en generación, en las mismas pocas manos.

Capítulo dos
Los grados académicos son chatarras

I. Los doctorados y las maestrías son chatarras

En los Estados Unidos de América y en México, al igual que en otras partes del mundo, cada vez hay más personas con doctorados – obtenidos en universidades acreditadas y reconocidas– que, para su propia consternación, no pueden conseguir buenos empleos ni en la empresa privada, ni en la academia ni en el sector público.

Y sobre la falta de oportunidades dentro del sector público, debemos recordar lo que está ocurriendo en México. Allí, según un análisis publicado –durante el año 2011– por la **Academia Mexicana de Ciencias**, «un promedio de tres mil personas en el país se gradúan con doctorados en alguna especialidad; sin embargo, sólo tres de cada 100 consigue un trabajo en el sector público.»[lxxiii]

Además de lo mencionado, es indudable que en estos tiempos de recesiones y depresiones económicas uno puede ver que muchas personas con doctorados, en aras de poder ganarse algo de dinero para poder costear sus necesidades básicas: (1) tienen que aceptar *«chatarra-empleos»* que no requieren una educación tan avanzada; o (2) tienen que aceptar empleos que, además de que no pagan lo adecuado para una persona con doctorado, no están relacionados con sus áreas de estudio.[lxxiv]

Lo mencionado nos hace recordar un análisis realizado por el **Bureau of Labor Statistics**, un negociado que es parte del *Departamento del Trabajo de los Estados Unidos de América*. Según ese revelador y sorprendente análisis, en los Estados Unidos de América había –para el año 2012– cerca de seis mil doctores que, a pesar de estar en buen estado de salud, trabajaban como conserjes debido a que no podían conseguir trabajos estables y adecuados para sus niveles educativos.[lxxv]

Otro análisis que nos viene a la mente, y téngase en cuenta que es bastante devastador, es uno que también fue realizado por investigadores del **Bureau of Labor Statistics**. Y dicho devastador análisis nos viene a la mente por motivo de que sus resultados demostraron que, para el año 2008, en los *Estados Unidos de América*:

(1) había cerca de once mil personas que, luego de obtener grados doctorales, estaban trabajando como cajeros en tiendas por departamentos;

(2) había cerca de treinta mil personas que, después de haber obtenido grados doctorales, estaban trabajando como vendedores de bienes; y

(3) había cerca de cinco mil doctores que, después de tanto trabajo duro, estaban trabajando como estilistas.[lxxvi]

Con lo anterior en mente, no podemos olvidar que en estos depresivos tiempos de la modernidad, tanto en América como en Europa, es común que uno pueda ver a personas saludables y con doctorados recibiendo ayudas gubernamentales relacionadas con la pobreza.

De hecho, esto que acabamos de mencionar nos ha hecho recordar una investigación realizada por la **Oficina del Censo de los Estados Unidos de América**. *¿Sabe por qué?* Porque los resultados de dicha investigación demostraron, por increíble que parezca, que cerca de cuatrocientos mil residentes de los *EE.UU.* que contaban con grados académicos de *doctorado* y/o de *maestría* recibieron, durante el año 2011, ayudas relacionadas con cupones de alimentos.[lxxvii]

Explicado lo anterior, ahora debe saber que lo que hemos estado explicando nos ha hecho recordar varios casos que, increíblemente, ocurrieron en los Estados Unidos de América. El primero de ellos se relaciona con la *Dra. Melissa Bruninga-Matteau*. ¿Y quién es la doctora Bruninga? Una educada dama que, a pesar de vivir en la dizque tierra de las oportunidades, ha tenido que ver que su doctorado en historia medieval no ha hecho más que enviarla a las filas de la asistencia social en aras de recibir cupones de alimentos.[lxxviii]

El segundo caso que nos viene a la mente está relacionado con el *Dr. Kevin Johnson*, ¿Y quién es el doctor Johnson? Un educado y entristecido estadounidense que obtuvo el grado de *doctor en jurisprudencia* en una facultad de Derecho. ¿Sabe por qué utilizamos al doctor Johnson como ejemplo? Por motivo de que él, luego de obtener su grado doctoral —recuérdese que el *J.D.* o *D.Jur.* es un doctorado profesional— y luego de varios fallidos intentos en aras de conseguir un empleo como abogado, tuvo que conseguir un empleo como repartidor de pizzas.[lxxix]

El tercer caso que nos viene a la mente, que también proviene de los *Estados Unidos de América*, está relacionado con una persona que tenía un doctorado en ciencias políticas. Debe saber que dicho doctor, a pesar de que tenía vasta experiencia como investigador universitario y a pesar de que tenía una notable lista de publicaciones, perdió su empleo.

Lo que ocasionó, luego de varios fallidos intentos en aras de conseguir un buen trabajo, que el doctor gastara todos sus ahorros y que solicitara varias ayudas gubernamentales, entre ellas, beneficios de desempleo y cupones de alimentos. Y no se puede olvidar el hecho de que el desempleado doctor, en aras de ganarse un dinerito de vez en cuando, trabaja como chofer.[lxxx]

Dicho eso, ahora nos viene a la mente lo que ha estado ocurriendo en *Japón* durante los últimos años. Allí, a pesar de que el mercado laboral es un

Ismael Leandry Vega

desastre, las universidades siguen aceptando estudiantes en sus escuelas de posgrado y se pasan confiriendo, todos los años, cientos de grados doctorales. El gran problema con eso es que: (1) el mercado laboral japonés no puede absorber a la mayoría de los doctores; y (2) hay miles de doctores que están desempleados.

Y téngase en cuenta que eso no es lo más curioso. Puesto que lo más curioso es que el *Gobierno de Japón*, conociendo sobre la mencionada problemática, firmó una ley que establece que las empresas que contraten a personas que ostenten grados doctorales recibirán, de manos del *Gobierno de Japón*, un incentivo que ronda los cuarenta y siete mil dólares por cada doctor contratado.[lxxxi]

Llegados a este punto de la discusión, es obvio que el mensaje que hemos querido transmitir es el que establece que hoy en día, con excepción de los doctorados relacionados con la salud y la informática, no vale la pena cursar estudios doctorales. El tiempo, el dinero y las pocas oportunidades de obtener empleos estables y remunerados han convertido los estudios doctorales, cada día que pasa, en «un negocio menos rentable.»[lxxxii]

Debe notarse que lo arriba discutido ha estado relacionado, en su inmensa mayoría, con personas que ostentan grados doctorales. Pues bien, sepa que cuando uno analiza lo que ha estado ocurriendo con los jóvenes que han logrado obtener maestrías la cosa se pone, por decir lo menos, peor. Decimos eso porque en Puerto Rico y en los Estados Unidos América, al igual que en muchos países europeos, se ha demostrado que las maestrías garantizan: (1) «más deudas que una mejor remuneración»;[lxxxiii]y (2) unas notables posiciones en las colas del desempleo.[lxxxiv]

De hecho, lo acabado de mencionar nos ha hecho recordar que un análisis realizado por investigadores de la **Universidad de Georgetown** —ubicada en los Estados Unidos de América— demostró, en lo pertinente, que para el año 2011 cerca de un tercio de los estadounidenses «con títulos de posgrado ganaba en promedio menos dinero que quienes tenían un bachillerato común.»[lxxxv]

Otro análisis que nos viene a la mente fue uno que realizaron investigadores del **Urban Institute**, ubicado en los Estados Unidos de América. Según los resultados de dicho análisis, para consternación de las personas que están cursando estudios de maestría en instituciones de educación superior que tienen unas matrículas costosísimas, en los *EE.UU.* había –para el año 2010– cerca de trecientas mil personas: (1) que ostentaban grados de maestría; (2) que gozaban de buen estado de salud; y (3) que recibían cupones de alimentos debido a su extrema pobreza.[lxxxvi]

Discutido lo anterior, no está de más que plasmemos varios ejemplos en aras de que lo discutido se entienda de una mejor manera. El primer ejemplo que mencionaremos, para nuestra

Ismael Leandry Vega

tristeza, proviene de la violenta islita de *Puerto Rico*. Allí había una jovencita que, luego endeudarse, logró obtener una licenciatura y una maestría en periodismo.

Así las cosas, la jovencita pensaba que su *maestría en periodismo* –obtenida luego de varios años de estudio en una costosa y prestigiosa universidad estadounidense– le ayudaría a conseguir un buen empleo en Puerto Rico. Sin embargo, la joven tuvo un fuerte encontronazo con la realidad al llegar a las calurosas y contaminadas tierras de Puerto Rico. Decimos eso por motivo de que la educada joven se percató, crudamente, que su flamante maestría no le ayudó a conseguir un buen empleo dentro de las saturadas empresas que se dedican al periodismo.

Sin contar que la jovencita también tuvo que ver que su flamante maestría, que se veía bien bonita en una de las paredes de la casa de sus progenitores, no era requisito para realizar varios de los «*mierda-trabajos*» que realizó para ganarse un par de pesos, a saber, repartir hojas sueltas en las calles y realizar labores relacionadas con el cuido de impúberes.[lxxxvii]

El otro ejemplo que plasmaremos, lamentablemente, también proviene del *narcoestado* de Puerto Rico. Allí, para el año 2012, había una joven mujer que tenía: (1) dos bachilleratos; y (2) una maestría relacionada con la salud pública. Pues bien, es de saber que dicha joven pensaba que su maestría le abriría un sinnúmero de puertas laborales. Sin embargo, la cruda realidad le demostró a la joven que su creencia no era más que pura utopía.

¿Sabe por qué expresamos eso? Por motivo de que la joven, después de haber entregado innumerables solicitudes de empleo, no pudo conseguir un trabajo estable y bien remunerado. Por lo que tuvo que dedicarse a sembrar y vender plantas. Sin contar que, a tiempo parcial, se dedicó durante un corto tiempo a inspeccionar maletas en el aeropuerto de Aguadilla, Puerto Rico.[lxxxviii]

Por último, no está de más mencionar que muchas personas que han logrado obtener doctorados y/o maestrías durante estos depresivos tiempos económicos han tenido que enfrentarse a otro escollo, a saber, han venido obligadas: (1) a mudarse de sus países; y (2) a alejarse de sus familiares en aras de poder conseguir empleos relacionados con sus áreas de estudio.

Sin contar que también abundan los *posgraduados* que, semanalmente, tienen que recorrer —ya sea en sus propios automóviles o en transportación pública— cuantiosísimas millas, desperdiciando muchísimas horas de vida, en aras de poder llegar a sus puestos de trabajo.

Dicho eso cabe preguntar por qué eso es así, particularmente, en estos depresivos tiempos de la modernidad. Para contestar esa interrogante comenzamos diciendo que la experiencia nos ha demostrado que muchos grados académicos, y

Ismael Leandry Vega

entre más avanzados *peor se pone la cosa*, suelen ser de mayor utilidad en ciertas áreas geográficas.

Así, por ejemplo, la experiencia y las estadísticas laborales demuestran que las personas que tienen doctorados y/o maestrías: (1) tienen más oportunidades de conseguir empleos estables y bien remunerados en países altamente industrializados y en países que estén catalogados – *económicamente hablando*– como potencias mundiales; y (2) tienen pocas probabilidades de conseguir buenos empleos en pequeños poblados en donde, por lo regular, lo más que abundan son pequeños negocios.[lxxxix]

Y sobre el punto número dos antes señalado tenemos que decir que por eso es que uno puede ver, en lo pertinente, que en las zonas que están apartadas de las *zonas metropolitanas*, en donde abundan los oficios y las personas que reciben ayudas gubernamentales relacionadas con la pobreza, son pocas las personas saludables y productivas: (1) que cuentan con doctorados y/o maestrías; y (2) que trabajan en trabajos que están *directamente relacionados* con sus áreas de estudios.

II. Las licenciaturas

A. Crisis con las licenciaturas

Discutido lo anterior, nos imaginamos que algunas personas podrían estar preguntándose cuál es la situación con los jóvenes que, después de estar varios años estudiando, han obtenido un bachillerato o licenciatura. Para contestar dicha duda, nos vemos en la obligación de comenzar diciendo que la cosa está bien horripilante, especialmente en Puerto Rico, en los Estados Unidos de América y, sobre todo, en la mayoría de los países europeos. Expresamos eso por motivo de que muchísimos licenciados han tenido que ver, entre otras espantosas noticias, que sus licenciaturas no les han funcionado para salir adelante en el mundo laboral.

De hecho, en los países mencionados es común que uno pueda ver –y lo seguiremos viendo durante esta derrochada década– a jóvenes con *bachilleratos o licenciaturas* trabajando como fregones, peluqueros, meseros, repartidores de pizzas, guardias de seguridad, dependientes de establecimientos comerciales, entre otros trabajos que no requieren educación universitaria. Sin contar que también abundan los *licenciados* que, luego de innumerables intentos, llevan varios años sin poder conseguir trabajo.

Pero uno de los asuntos más lamentables es que uno está viendo, ahora más que nunca, que en los mencionados países hay un montón de titulados que, después de haber logrado obtener licenciaturas y/o grados asociados: (1) no pueden conseguir empleos decentes; y (2) tienen que mandar al carajo sus sueños para poder ingresar a unas *fuerzas armadas* que, además de estar totalmente desacreditadas, no hacen más que actuar a nombre

　　　　　　　　　　　Ismael Leandry Vega

y en beneficio de los billonarios que controlan las riendas de sus Gobiernos.

Y si tiene dudas sobre eso, no está de más que le eche una miradita a lo que ha estado ocurriendo en Puerto Rico. Allí, penosamente, la depresión económica y la ruptura de la burbuja universitaria han ocasionado que muchísimos jóvenes, luego de pisar por varios años los pasillos de las instituciones de educación superior –y sin haber estado en sus planes iniciales–, tengan que ingresar a unas mancilladas y abusivas *fuerzas armadas* con el fin de poder comer, vestir y ganarse un miserable e injusto sueldito.[xc]

Habiendo explicado todo lo anterior, entendemos que ha llegado el momento de plasmar varios ejemplos. El primero ellos, para nuestra tristeza, proviene de la islita de *Puerto Rico*. Allí, de manera ejemplar, una jovencita había logrado obtener, después de estar varios años realizando enormes sacrificios: (1) una licenciatura en comercio internacional; y (2) una licenciatura en *recursos humanos*. Además, la joven puertorriqueña había comenzado a cursar estudios a nivel de maestría.

Sin embargo, a pesar de estar bien preparada la joven titulada no pudo conseguir –después de innumerables intentos– un buen trabajo. ¿Sabe que ocurrió? Que la desilusionada titulada tuvo que conseguir un *despreciable trabajo*, a saber, consiguió un trabajo –en un supermercado– en el que: (1) vendía billetes de lotería; y (2) registraba las quejas que brindaban los consumidores. Y a eso habría que añadirle el hecho de que el trabajito que consiguió la jovencita, lamentablemente, era a tiempo parcial.[xci]

El segundo ejemplo que plasmaremos proviene desde los Estados Unidos de América. Allí, una preciosa y joven mujer obtuvo una licenciatura en arte gráfico —y con una especialidad en videojuegos— en el *Art Institute of Fort Lauderdale*. Así las cosas, y luego de obtener su flamante diploma, la joven: (1) estaba bien segura de que iba a conseguir un buen trabajo; y (2) deseaba que dicho empleo estuviera relacionado con la creación de videojuegos. Pero los sueños de la jovencita, por decir lo menos, se fueron rápidamente a la *mierda*. Decimos eso por motivo de que la jovencita se percató: (a) que la economía mundial estaba en recesión económica; y (b) que no podía conseguir el soñado y esperado empleo.

Pero el choque con la dura realidad fue, por decir lo menos, más fuerte todavía. ¿Sabe por qué expresamos eso? Porque la jovencita, al no poder pagar por sus necesidades básicas, tuvo que conseguir un empleo como *estriptisera*. Un trabajo que, además de ser un *espectáculo erótico* en el que una mujer se va desnudando poco a poco al compás de la música, lo único que requiere es tener unas redondeadas nalgas, unas grandes tetas y una bella cara. Y no podemos pasar por alto que en algunos clubes nocturnos, a petición popular, les exigen a las *estriptiseras* tener sus cuerpos bien afeitados.[xcii]

El tercer ejemplo, para mi consternación, también proviene de Puerto Rico. Allí, había un caballero de unos cincuenta años de edad: (1) que poseía una *licenciatura o bachillerato* en administración de empresas; y (2) que había tomado innumerables cursos de educación continua.

Es indudable que cualquier ingenuo creería que dicho caballero, debido a su preparación y experiencia laboral, estuviera administrando, por lo menos, una empresa de mediano o pequeño tamaño. Sin embargo, dicho caballero tuvo que aceptar un trabajito como vendedor de muebles. Y cuando la mueblería en la que trabajaba cerró sus puertas, el caballero –luego de haber llenado múltiples solicitudes de empleo– tuvo que conformarse con un trabajo «vendiendo guayaberas en el *Viejo San Juan*.»[xciii]

El cuarto ejemplo, que está relacionado con cientos de miles de titulados, proviene desde el *Reino Unido*. Allí, contrario a la creencia popular, muchísimos jóvenes que han culminado sus estudios a nivel de licenciatura han visto que sus licenciaturas no les han ayudado a conseguir empleos estables y bien remunerados.

Pero eso no es lo más trágico que ha estado ocurriendo –en el *Reino Unido*– con los recién licenciados. Puesto que lo más trágico es que la mayoría de los recién licenciados han tenido que ver, entre otras desilusiones laborales, que después de haber estado tantos años estudiando –y después de haber gastado tanto dinero en sus estudios de licenciatura– tienen las mismas probabilidades de conseguir empleos que los jóvenes que no han puesto ni un pie en una institución de educación superior.[xciv]

Es decir, la mayoría de los jóvenes que recientemente han obtenido una *licenciatura* al igual que los jóvenes que han logrado obtener diplomas de escuela superior, por increíble que parezca, únicamente tienen la oportunidad de conseguir unos trabajitos que, además de que pagan unos salarios de hambre, no ofrecen ningún tipo de seguridad laboral.

Y para hacer las cosas más deprimentes todavía usted debe estar al tanto, en lo pertinente, de que las *tasas de desempleo* que están relacionadas con los mencionados grupos están, por increíble que parezca, prácticamente iguales. *¿Y qué nos dicen dichas tasas de desempleo?* Que dos de cada ocho jóvenes, ya sea que tengan grados de licenciatura o que meramente tengan diplomas de escuela superior, están desempleados e infelices.[xcv]

B. Las licenciaturas son un poco más útiles

Hemos visto que en estos tiempos de la modernidad, en donde la inmensa mayoría de los países están sufriendo los embates de unas fuertes *recesiones economías*, la inmensa mayoría de los empleos que están disponibles no requieren preparación universitaria más allá del grado asociado.

Así, por ejemplo, si vemos lo que está ocurriendo en Puerto Rico veremos que casi todas las plazas de empleo que están disponibles están relacionadas con «vendedores al detal, conserjes, oficinistas, cajeros, secretarias, guardias de seguridad, obreros y policías.»[xcvi]

También hemos visto que en América y Europa, con notables excepciones, cursar estudios universitarios a nivel de *licenciatura o bachillerato* se ha convertido, especialmente para muchísimos jóvenes que pertenecen a las clases sociales menos aventajadas, en una garantía de que se tendrá que vivir endeudado por muchísimo tiempo. Decimos eso ya que los costos de los estudios universitarios, que por haber sido arrastrados por las vorágines mercantilistas se han convertido en un negocio más, se han elevado muchísimo.

Y téngase en cuenta que esas absurdas alzas en los costos de la educación universitaria se están dando, inclusive, en instituciones de educación superior que están en los fondos de los ránquines que están relacionados con el prestigio y la calidad de las universidades.

En fin, la cosa está tan mala en los países que componen las mencionadas regiones que, desafortunadamente, «la tasa de inflación de la enseñanza superior ha subido más que el índice de precios al consumidor -medida de la carestía de la vida que se ha subestimado tremendamente en el mejor de los casos- durante los últimos 20 años.»[xcvii]

Ahora bien, no obstante todo ese deprimente panorama en mente, le decimos a los jóvenes que deben hacer todo lo posible por cursar estudios a nivel de licenciatura. Y eso lo deben hacer aunque sea en instituciones de educación superior que, a pesar de estar reconocidas y acreditadas, estén en el fondo de los ránquines que están relacionados con la fama y el prestigio de las universidades.

¿Y por qué brindamos la recomendación antes mencionada? Porque en muchísimos países, lamentablemente, los mercados laborales han colocado los estudios a nivel de licenciatura en unos solios de supremacía. Al punto de que muchos patronos y empleadores –incluyendo algunos empleadores que ofrecen *"chatarra-empleos"*– requieren que los solicitantes de empleo tengan, por lo menos, un grado asociado o una licenciatura para poder participar en la entrevista de trabajo. Por eso es que hoy en día, por ejemplo, no es raro observar que, en los Estados Unidos de América y en Puerto Rico, algunas empresas que se dedican a vender comidas chatarras les exijan a sus gerentes tener una licenciatura o bachillerato.

Ahora bien, los estudios a nivel de *licenciatura* se deben cursar en instituciones de educación superior que, además de estar acreditadas y reconocidas, sean baratas. Recuérdese que como están –y estarán– los mercados laborales, en donde la mayoría de los jóvenes que pertenecen a la clase media y a la clase jodida y pobre tienen –y tendrán– que conformarse con unos trabajitos que paguen

Ismael Leandry Vega

poco dinero, no es de suma importancia el prestigio de las instituciones de educación superior que confieran los grados académicos. Lo importante es que se pueda decir y demostrar, particularmente en las solicitudes de empleo, que se tiene la licenciatura o bachillerato.

Además de eso, no está de más que se les recuerde a los universitarios que deben aprovechar todas aquellas oportunidades que se les presenten para realizar *internados laborales* que estén relacionados con sus áreas de estudio. Y que dichos internados laborales, que ofrecen la oportunidad de adquirir algunas experiencias laborales, deben realizarlos aunque no sean cursos medulares dentro de los planes de estudio.

Es decir, los jóvenes que cursan estudios a nivel de licenciatura deben sacar de su tiempo libre para ofrecérselo, graciosamente, a las empresas y/o a las agencias gubernamentales que les permitan realizar los mencionados internados. *¿Y por qué brindamos esa recomendación?* Porque en estos tiempos de la modernidad, en donde las oportunidades de empleo son escasas, son muchísimos los empleadores que exigen que los solicitantes de empleo tengan experiencias laborales.[xcviii]

Por último, antes de cerrar esta sección tenemos la obligación de realizar una importante aclaración. Aunque manifestamos que es importante que los jóvenes cursen estudios a nivel de licenciatura, particularmente por motivo de que el mercado laboral de bajo nivel le otorga algo de peso, la realidad es que dicho nivel de estudio, con notables excepciones, es una mierda en casi todos los países.

Decimos eso ya que, aunque es cierto que los estudiantes aprenden algunos asuntos relacionados con sus áreas de especialización durante sus estudios de *licenciatura o bachillerato*, una enorme cantidad de titulados «no muestran ninguna mejora en el pensamiento crítico o razonamiento analítico después de cuatro años en la universidad.»[xcix]

Y eso es, por decir lo menos, una verdadera tragedia. Puesto que el pensamiento crítico o razonamiento analítico es, indiscutiblemente, un asunto que es mucho más importante que todos esos mecanizados conocimientos que se aprenden en las universidades. De hecho, se sabe que una buena educación universitaria hace que los estudiantes tengan las herramientas necesarias para poder lidiar con las distintas «dificultades de la vida.»[c] Y para poder sobrellevar de una adecuada manera las distintas problemáticas de la vida, es indispensable tener un adecuado razonamiento analítico.

Pero una de las mejores evidencias que demuestran que los estudios a nivel de licenciatura son, con notables excepciones, unas asquerosas mierdas, es el hecho de que la inmensa mayoría de los universitarios y de los recién licenciados aman el consumismo, el amiguismo, el materialismo y, más lamentable todavía, todo lo que esté relacionado con el embrutecedor mundo del espectáculo.

Ismael Leandry Vega

Sin contar que la inmensa mayoría de los titulados, después de haber paseado sus pestíferos culos por los largos pasillos de las instituciones de educación superior –y después de haber gastado enormes sumas de dinero en libros y matrículas–, no realizan nada significativo: (1) en favor del conocimiento humano; ni (2) en favor de las *letras humanas.*

Y lo dicho es una clara muestra de que la mayoría de las universidades, en especial las que están catalogadas como instituciones privadas y con fines de lucro, no son más que unas *sofisticadas estafas* que están protegidas por el Derecho. Decimos eso porque la inmensa mayoría de ellas, a pesar que se pasan diciendo que los estudios universitarios ayudan a «cultivar la propia personalidad y desarrollar hábitos necesarios para la vida profesional y social», lo más que producen son seres humanos: (1) comunes y corrientes; (2) fácilmente impresionables por cualquier mequetrefe que tenga el don de la palabra; y (3) adoradores del popularismo y de la chabacanería.[ci]

Por eso hay que aplaudir a las empresas privadas y a las agencias gubernamentales que, a la hora de contratar personas que han cursado estudios universitarios, toman su tiempo y se cercioran de que han seleccionado a los mejores. Es decir, a los candidatos: (a) que tienen un buen razonamiento crítico; (b) que tienen una *perseverante aplicación* para con sus estudios; y (c) que han aprendido por medio del estudio autodidacta y por medio de los estudios oficialistas que recibieron en las universidades.[cii]

III.   Nuevos estándares laborales

Los jefes y los dueños de las empresas ricas y poderosas, al igual que los reclutadores de algunas agencias de seguridad y protección —como los reclutadores del *Buró de Investigaciones Federales* y de la *Agencia Central de Inteligencia*—, saben que «la contratación de la persona equivocada puede ser nociva en más de una forma.»[ciii]

Pues bien, es indudable que si uno analiza las tendencias actuales de la mayoría de las empresas más poderosas, importantes y ricas, particularmente las actuaciones de algunas empresas que están relacionadas con asuntos tecnológicos, uno se puede percatar, en lo pertinente, de que sus reclutadores y presidentes no les están brindando demasiadas importancias a los *grados académicos*.

Lo más importante para ellos –y téngase muy presente por motivo de que los mercados laborales a nivel mundial se encaminan hacia eso–, es que las personas a ser contratadas demuestren ser *extremadamente eficientes* en lo que hacen y, sobre todo, que tengan algún tipo de fama –asunto que, usualmente, es verificado por medio de referencias laborales– de que no se pasan cometiendo demasiados errores laborales.

Sin contar que también exigen que las personas a ser contratadas demuestren, casi siempre por medio de exámenes psicológicos, que podrán desarrollar enormes compromisos para con las empresas. Y esos deseados compromisos incluyen, para consternación de los que adoran perder su tiempo celebrando actividades familiares, sacrificar –*cuando sea necesario*– asuntos personales y familiares en aras de beneficiar a las empresas.

Y a lo dicho hay que añadirle que hay empresas tan exigentes que, para consternación de los universitarios que adoran desperdiciar sus vidas viendo asuntos relacionados con el embrutecedor mundo del espectáculo, únicamente contratan a las personas que han demostrado ser las mejores en lo que hacen. Un buen ejemplo sobre eso es que el **Dr. Steve Jobs**, fundador de una afamada y poderosa empresa llamada *Apple Inc.*, «hablaba frecuentemente sobre la importancia de no contratar nada más que a los mejores.»[civ]

Dicho eso, es incuestionable que los universitarios también deben saber –al igual que los jóvenes que cursarán *estudios universitarios* durante los próximos lustros– que el mencionado nuevo requisito laboral es un asunto bien serio: (1) para muchísimas empresas; y (2) para algunas agencias gubernamentales. Al punto de que no temen gastar fuertes sumas de dinero para, entre otras indagaciones laborales, cerciorarse de que las personas a ser reclutadas reúnen los deseados requisitos.

Por eso es que, por ejemplo, hay muchas empresas privadas que tienen bajo contrato a unos reclutadores especializados que, además de que están altamente entrenados, tienen la misión de acudir a las universidades más prestigiosas a reclutar a los estudiantes más talentosos. Y téngase en cuenta que, en algunas ocasiones, eso tiende a ocurrir aunque los estudiantes reclutados no hayan culminado sus estudios.

Y no nos podemos olvidar de que hay muchísimos reclutadores privados que, luego de identificar a los estudiantes altamente talentosos que no desean abandonar sus estudios universitarios, les ofrecen beneficios y becas a los prospectos seleccionados. Todo ello con el fin de que esos talentosos jóvenes, una vez culminen sus estudios universitarios, se vayan a trabajar a las empresas que les ofrecieron los beneficios.[cv]

Sin contar que también estamos viendo que muchas empresas privadas, al igual que algunas agencias gubernamentales, no están dudando en «llegar a los extremos con el fin de evitar la contratación de profesionales que no sean los mejores.»[cvi]

Así, por ejemplo, ahora no es raro ver que algunas empresas privadas –al igual que algunas agencias del orden público– estén utilizando: (1) investigadores –incluyendo *detectives privados*– para corroborar los datos brindados en las solicitudes de empleo; (2) máquinas que miden el *estrés* en la voz durante las entrevistas de trabajo; (3) psicólogos altamente especializados en la realización de entrevistas laborales; (4) múltiples entrevistas; y (5) unos exámenes de habilidad que, adrede, son brindados con el fin de corroborar si los solicitantes tienen las deseadas habilidades.

Y a eso habría que añadirle que, también estamos viendo que los *mercados laborales* se han globalizado. Al punto de que muchísimas empresas privadas acuden a países extranjeros con el fin de contratar a las personas que, a través de los años, han demostrado ser las mejores en lo que hacen.

Llegados a este punto de la discusión, es obvio que salta a la vista una pregunta, a saber, ¿por qué en el mundo hay muchas empresas privadas que no le están dando tanto peso a los grados académicos a la hora de reclutar personal?

Para contestar esa interrogante, tenemos que comenzar diciendo que las razones son variadas. Pero una que tiene un titánico peso es la que establece que la inmensa mayoría de las *instituciones de educación superior*, particularmente las que están clasificadas como instituciones privadas y con fines de lucro, se han convertido en unos asquerosos molinos de diplomas que se pasan cometiendo la desfachatez de graduar, inclusive a nivel de posgrado, a personas que no tienen las destrezas que necesitan y desean las empresas.

Y téngase en cuenta que cuando decimos que los graduados no tienen las destrezas necesarias, nos estamos refiriendo a un asunto que se divide en dos vertientes. Sobre la primera vertiente debe saber que nos referimos al hecho de que los *currículos* de muchísimas instituciones de educación superior, particularmente los de muchas instituciones públicas, no les proporcionan a los estudiantes las destrezas necesarias que requieren muchísimas empresas.

Por eso no es extraño escuchar a presidentes, dueños y reclutadores de empresas poderosas y adineradas diciendo, entre otras críticas, que la inmensa mayoría de las universidades se han convertido, particularmente en estos tecnológicos y cambiantes tiempos de la modernidad, en unos dinosaurios que se distinguen por ser muy lentos a la hora de incluir dentro de sus planes de estudio los asuntos que están relacionados con la dimensión real del mundo laboral.[cvii]

Sobre la segunda vertiente, valga saber que nos referimos al asunto de que los dueños y reclutadores de las mencionadas empresas saben, en lo pertinente, que muchísimas instituciones de educación superior han suavizado, y en ocasiones exageradamente: (1) sus políticas de admisión; y (2) sus requisitos de graduación. Por lo que no es nada extraño que mediocres y personas con serias deficiencias en ciertas áreas educativas terminen graduándose, inclusive a nivel de posgrado, e insertándose en los mercados laborales.

Lo antes mencionado nos ha hecho recordar lo que estaba ocurriendo en *Ecuador*. Allí, el despiadado neoliberalismo había ocasionado que se suavizaran los requisitos para poder fundar y operar una institución de educación superior. Y por eso se habían establecido un sinnúmero de universidades que, además de que permitían que jóvenes con serias deficiencias intelectuales y educativas se inscribieran, se pasaban graduando a todos aquellos mequetrefes e idiotas que tuvieran el tiempo y el dinero para culminar los deficientes planes de estudio.

Sin contar que dichas instituciones, para perjuicio de los estudiantes, se pasaban ofreciendo unos planes de estudio que eran obsoletos, sencillos y, sobre todo, extremadamente alejados de los que han establecido las universidades que están en los topes de los *ránquines universitarios* más respetados.

Por eso es que, al día de hoy, no es nada extraño poder observar que la inmensa mayoría de los egresados de las mencionadas universidades de pacotilla, que no son bien vistos en los mercados laborales —ni en los locales ni en los internacionales—, no pueden conseguir buenos empleos.[cviii]

Ahora bien, es justo señalar que el *Gobierno de Ecuador* ha hecho titánicos esfuerzos para mejorar la calidad de su educación superior. Y esos esfuerzos han llegado al punto de que, durante el año 2012, se cerraron poco más de catorce instituciones de educación superior que, luego de varios análisis, fueron catalogadas como chatarras y chupadoras de peculios. Es decir, «la falta de excelencia académica determinó el cierre» de las «*chatarra-universidades.*»[cix]

Con lo anterior en mente ahora debe saber que en los *Estados Unidos de América* también está ocurriendo lo antes indicado, o sea, una asquerosa mercantilización de la educación superior. Al punto de que uno puede ver que ahora, más que nunca, cualquier mequetrefe y morón: (1) puede ingresar a una universidad privada; y (2) puede obtener un doctorado y/o una maestría en una de las miles de instituciones privadas de educación superior que están acreditadas por una o por varias agencias de acreditación que están reconocidas por el *Departamento de Educación de los Estados Unidos de América.*

En fin, es indudable que los presidentes y los reclutadores de casi todas las empresas adineradas e importantes saben que la inmensa mayoría de las universidades son tan obsoletas que, entre otras barbaridades educativas, no les proveen a los estudiantes «las destrezas que se necesitan para trabajos en economías avanzadas.»[cx]

Es indudable, además, que las mencionadas personas también saben que la mayoría de las instituciones privadas de educación superior que operan en los EE.UU. son tan irresponsables que, descaradamente, se pasan aceptando y graduando a jóvenes que, estadísticamente hablando, son más brutos que los estudiantes más brutos que viven en los países que componen el tercer mundo.[cxi]

Ismael Leandry Vega

Por eso no es nada extraño ver que en los Estados Unidos de América, al igual que en muchos países de Latinoamérica, existan reclutadores y dueños de empresas privadas que únicamente entrevisten a solicitantes de empleo que provengan de instituciones de educación superior: (1) que tenga fama de aceptar únicamente a estudiantes inteligentes y aplicados; y (2) que tengan fama de tener unos planes de estudio intelectualmente fuertes.

Dicho eso, es importante hacer un pequeño paréntesis en la discusión en aras de poder realizar una importante aclaración. Aunque hemos estado diciendo que en estos tiempos de la modernidad, en donde las recesiones y las depresiones económicas están a la orden del día, muchísimos patronos y empleadores están proporcionándoles más peso a los talentos y a las experiencias laborales de las personas a la hora de contratar personal, la realidad es que la historia nos ha demostrado que muchos de los empresarios más exitosos también incurrieron en ese tipo de maña laboral.

Un buen ejemplo sobre eso proviene del estado de Nueva Jersey, Estados Unidos de América. Allí, durante el 1871, **Thomas Alva Edison** abrió un centro de trabajo que estaba dedicado: (1) al ensamblaje de máquinas; (2) al mejoramiento de la tecnología que estaba relacionada con la electricidad; y (3) a la experimentación científica.

Pues bien, debe tenerse en cuenta que, cuando Edison fue a contratar a su personal no le otorgó mucho peso a la educación de los solicitantes. Le otorgó más peso a sus talentos, a sus experiencias laborales y, sobre todo, a sus compromisos para con el trabajo. De hecho, se sabe que *Edison* fue tan riguroso a la hora de contratar a su personal que, luego de advertirles a los solicitantes sobre el hecho de que en ocasiones tendrían que trabajar por más de dieciséis horas, «se hizo con un equipo de hombres cualificados, elegidos mediante un minucioso proceso de selección.»[cxii]

Aclarado lo anterior, ahora debemos mencionar que los universitarios también tienen que estar conscientes de que el mundo laboral, tanto el público como el privado, se dirige hacia la masiva aplicación del **factor Bozo**. ¿Y qué es eso del factor Bozo? El *factor Bozo* es una doctrina laboral que establece, en apretada síntesis, que tanto las empresas privadas como las agencias de Gobierno, siempre y cuando tengan en sus nóminas a personas que han demostrado ser altamente eficientes en lo que hacen, pueden hacer más y brindar mejores servicios con menos personal.

Por otro lado, es pertinente que todos los universitarios sean informados, en especial los de nuevo ingreso, sobre el hecho de que los mercados laborales les están otorgando más importancia a la fama y al prestigio de las instituciones de educación superior que a los grados académicos. Y no podemos olvidar que también llevamos bastante tiempo viendo que la fama y el prestigio de las universidades son, para muchísimos empleadores, asuntos más importantes: (1) que las calificaciones; y (2) que las experiencias laborales que presenten los solicitantes de empleo.[cxiii]

Lo antes escrito debe ser profundamente analizado por todos esos jóvenes universitarios que, realizando enormes sacrificios, están estudiando –y podemos decirle lo mismo a los jóvenes que se han titulado recientemente– en *instituciones de educación superior* que están en los fondos de los ránquines que están relacionados con la fama y el prestigio de las instituciones de educación superior. Puesto que es demostrativo de que los enormes esfuerzos que realicen con el fin de obtener buenas calificaciones y buenas experiencias educativas serán unas acciones que, lamentablemente, no serán notadas ni compensadas en los mercados laborales.

En fin, si fuéramos a resumir esto en pocas palabras podríamos decir que en estos depresivos y contaminados tiempos de la modernidad, en donde se le otorga más importancia a la belleza física que a la inteligencia, la inmensa mayoría de empleadores privados, ricos y poderosos –aunque no podemos pasar por alto que hay universidades públicas que hacen lo mismo– se pasan aplicando, por lo bajo, el requisito *Ivy League*.

¿Y qué es eso del requisito *Ivy League*? El requisito **Ivy League** no es otra cosa que el hecho de que muchos de los mencionados empleadores solamente contratan, con honrosas y notables excepciones, a personas que se han graduado de instituciones de educación superior que gozan de enorme prestigio mundial o local. Así, por ejemplo, en los Estados Unidos de América hay muchas empresas privadas que, con notables excepciones, únicamente contratan a egresados que se han titulado en *Harvard, Yale, Princeton, Brown,* entre otras instituciones de alto prestigio.

IV. El mundo quiere conserjes y mucamas, no universitarios

Dicho eso, nos imaginamos que algunos puedan estar preguntándose qué importancia tiene que los universitarios, particularmente los de nuevo ingreso, sepan sobre todo lo antes discutido. Es importante que los universitarios sepan eso por motivo de que hoy en día, debido a las enormes competencias laborales, a los vaivenes de las economías y a la prolongación de los años productivos, hay pocos trabajos que les ofrecen buenas remuneraciones y adecuados beneficios marginales a las personas que recientemente se han graduado –y eso incluye a los que se han graduado de las escuelas de posgrado– de las instituciones de educación superior.

También es bueno que sepan lo anterior por motivo de que si no logran obtener los mejores empleos en los mejores lugares lo que les espera es, por decir lo menos, un panorama triste, explotador y, sobre todo, destructor de sueños y metas. Decimos eso por motivo de que a nivel mundial, para consternación de los recién titulados, los mercados laborales que están destinados a las personas comunes y corrientes han demostrado:

(1) que no desean tantos profesionales ni mucha gente con grados doctorales;

(2) que desean pagarle poco dinero a los trabajadores, aunque cuenten con grados académicos avanzados; y

(3) que desean convertir a muchas personas altamente educadas en meseras, camioneras, guardias, cajeras, conserjes, soldados, vendedoras y, sobre todo, en empleados de tiendas por departamentos.

Y téngase en cuenta que no es raro que eso, específicamente lo que hemos explicado en el punto número tres anterior, esté ocurriendo. Ya que hoy en día, debido a la desagradable *mercantilización de la educación superior*, la mayoría de las escuelas de posgrado que están acreditadas y reconocidas están confiriendo, hoy más que nunca, muchísimos doctorados y, sobre todo, innumerables másteres.[cxiv] Lo que ha provocado, en unos países más que en otros, escasez de personas que quieran trabajar en ocupaciones que no requieren preparación académica.

Pero las malas noticias continúan, especialmente para los titulados que recientemente han desfilado con sus ridículas togas medievales durante las graduaciones universitarias. ¿Sabe por qué? Porque la mayoría de las empresas privadas — incluso empresas que operan en *Europa* y/o en *América*— que ofrecen empleos con extraordinarios sueldos y beneficios marginales, con notables excepciones, no desean contratar a personas: (1) que lleven mucho tiempo desempleadas; o (2) que lleven mucho tiempo laborando en empleos que no estén relacionados con sus áreas de estudio.[cxv]

Las razones para ello son variadas, pero, una de gran peso es la que establece que muchos de los titulados que llevan mucho tiempo desempleados no pueden, y en algunos casos no quieren, mantenerse al día con relación a los nuevos conocimientos dentro de sus áreas de estudio y trabajo.

Otra de las razones, que viene siendo una de las más preocupantes, es que la inmensa mayoría de las personas educadas que llevan largo tiempo desempleadas tienden a sufrir de un notable deterioro anímico. Lo que tiende a ocasionar, tristemente, que una vez se reinserten dentro de los escenarios laborales que están relacionados con sus áreas de estudio, si es que tienen el ánimo para hacerlo, manifiesten «una baja productividad ya que ha cambiado fundamentalmente su psicología.»[cxvi]

Dicho eso, es indudable que salta a la vista una pregunta, a saber, cuál es el pronóstico con relación a las millones de personas que, a pesar de que han cursado estudios universitarios, llevan muchísimo tiempo: *(1)* desempleadas; *(2)* buscándoselas en unos *«chatarra-empleos»* que no están relacionados con sus áreas de estudio; o *(3)* trabajando en empleos que no están relacionados con sus áreas de estudio. Lo menos que podemos decir es, mustiamente, que el panorama no luce muy esperanzador.

Decimos eso por motivo de que un análisis que fue discutido y publicado durante el **Foro Económico Mundial** –que se celebró en *Suiza,* durante el año 2011– concluyó, en lo pertinente, que la mayoría de las personas que actualmente llevan mucho tiempo desempleadas o laborando en *«chatarra-empleos»*, por más grados académicos que ostenten, no van a tener éxitos laborales ni económicos.

De hecho, dicho análisis dejó bien claro –*para espanto de todos y todas*– que las mencionadas personas no son candidatas idóneas para la inmensa mayoría de las empresas más poderosas. Por lo que dichas personas, además de tener que ver con gran tristeza que los diplomas que obtuvieron en las instituciones de educación superior únicamente les funcionarán para adornar paredes: (1) «ganarán menos dinero durante toda su vida»; (2) «tendrán menos probabilidades de ser empleadas»; (3) «no tienen las habilidades que las empresas necesitan»; y (4) «es más probable que tengan problemas de salud a largo plazo.»[cxvii]

Llegados a este punto de la discusión, no está de más que presentemos un ejemplo que esté relacionado con lo que hemos discutido. Y el ejemplo que utilizaremos proviene de España. Allí, en donde el *veinticinco por ciento* de la población estaba —para el año 2012— desempleada por falta de oportunidades de empleo, había una mujer que, después de arduos sacrificios, logró obtener un título académico que estaba relacionado con la nutrición.

Sin embargo, por no tener dinero la titulada no pudo montar su propia clínica de nutrición. Y por haber poquísimas oportunidades de empleo para los nutricionistas, tampoco logró obtener un buen empleo como nutricionista. ¿Sabe qué ocurrió? Que la titulada tuvo que conseguir un trabajo «en el sector de la construcción, manejando una grúa en una empresa privada.»[cxviii]

Habiendo discutido lo anterior, estamos conscientes de que habrá ingenuos que estarán diciendo que hemos exagerado un poco al discutir y presentar el tema bajo análisis. Pues bien, a esas personas les decimos que no está de más que analicen, con sumo cuidado, lo que está ocurriendo en el *narco-estado* de Puerto Rico.

¿Sabe por qué decimos eso? Porque en ese violento y pequeño país caribeño, que es una colonia de los *Estados Unidos de América*: (1) el mercado laboral ya no tiene espacio para los cientos de doctores que, todos los años, se gradúan de las universidades que operan en suelo borinqueño; y

(2) cada día aumentan los arquitectos, los ingenieros, los doctores y las «personas muy bien preparadas académicamente que se han dedicado a la venta de bisuterías» por no poder conseguir buenos empleos dentro del pequeño mercado laboral.[cxix]

Y si todavía existen dudas sobre lo que hemos estado discutiendo no está de más que señalemos que a nivel mundial, particularmente en América y Europa, abundan las referencias que demuestran que la mayoría de los jóvenes que se gradúan de las instituciones de educación superior «se topan con que la demanda mayor de empleo está en áreas que requieren menos escolaridad.»[cxx]

Debe tenerse en cuenta que lo antes dicho se refuerza cuando uno sabe que el **U.S. Bureau of Labor Statistics** ha determinado que, durante esta depresiva década —o sea, desde el año 2011 hasta el año 2020—, solamente cinco de cada veinte empleos que sean creados dentro del deprimente mercado laboral de los Estados Unidos de América requerirán licenciaturas o posgrados.[cxxi]

Ismael Leandry Vega

Capítulo tres
Los títulos enferman
la mente

I. El título viene con frustración

Como se sabe, toda institución de educación superior es «conceptuada como un centro de cultura con tres grandes misiones: la creación y el rescate del conocimiento; *la formación de hombres y mujeres plenos y útiles para la sociedad*; y la preservación de los valores y manifestaciones esenciales de la humanidad.»[cxxii]

Sin embargo, si analizamos lo que ha estado ocurriendo en los últimos años veremos que muchas instituciones de educación superior, particularmente las privadas que se pasan cobrando por concepto de matrículas unas exorbitantes sumas de dinero, no pueden cumplir con lo antes indicado.

Es decir, aunque las instituciones de educación superior desean que sus egresados apliquen los conocimientos adquiridos durante sus años de estudio en los distintos escenarios laborales, la realidad es que la mayoría de los titulados no pueden hacer eso en estos depresivos tiempos de la modernidad, y como consecuencia de ello no pueden ser ciudadanos útiles para las sociedades. Y eso, lamentablemente, entristece y deprime a muchos jóvenes recién titulados.

Lo antes discutido tiende a ocurrir por motivo de que muchos de los recién titulados, al no poder conseguir empleos que estén relacionados con sus áreas de estudio, tienen que engavetar los conocimientos adquiridos con el fin de ponerse a trabajar en unos empleos que no guardan relación con lo que estudiaron y, peor todavía, que no contribuyen en nada al mejoramiento social, económico y/o científico.

No está de más mencionar que lo antes discutido nos ha hecho recordar que en Puerto Rico, al igual que en casi todos los países de América y Europa, cada día aumentan las personas que, después de graduarse de las instituciones de educación superior, no pueden conseguir trabajos que estén relacionados con las carreras que estudiaron.[cxxiii]

Y de todos esos recién titulados, debe saber que los que estudiaron carreras que estaban de moda durante los últimos lustros son los que más tristezas nos proporcionan. Puesto que la mayoría de esos titulados, que muchos de ellos estudiaron *abogacía* o *ingeniería* debido a que se decía que eran las carreras de mayor crecimiento, han tenido que ver que sus grados académicos únicamente les han funcionado para decorar paredes.

Pensando en lo anterior, y pensando en nuestra violenta y corrupta patria (*Puerto Rico*), nos vemos en la obligación de manifestar que es bien triste tener que ver y escuchar que nuestra violenta y deshonesta patria, contrario a todos esos utópicos e irreales pronósticos laborales del pasado que fueron manifestados y defendidos por un sinnúmero de utopistas, se ha convertido en un empobrecido y corrupto país que cada día pierde empleos «en áreas especializadas.»[cxxiv]

Por eso es que les decimos a los jóvenes que viven en Puerto Rico, particularmente a los que están recién titulados, que tienen que estar conscientes de que sus grados académicos no les serán de mucha ayuda para poder conseguir: *(1)* empleos bien remunerados; ni *(2)* empleos que estén relacionados con sus áreas de estudio.

Decimos eso porque varios análisis económicos han demostrado, en lo pertinente: *(1)* que jamás en la historia de Puerto Rico «el mercado de trabajo se ha encontrado en tan malas condiciones»; y *(2)* que «las estadísticas de la fuerza laboral y el desempleo en la Isla reflejan un panorama triste y desesperante.»[cxxv]

Dicho eso, ahora debemos mencionar que muchísimos jóvenes que se han graduado de las instituciones de educación superior, en especial los que se pasaban soñando con el hecho de que realizarían un sinnúmero de aportaciones significativas *en beneficio del conocimiento*, se entristecen muchísimo al ver que no han podido –ni podrán– estudiar ni dedicarse a la búsqueda constante del conocimiento –que, dicho sea de paso, debe ser el norte de todo ser humano que goza de una buena salud mental– después de haberse titulado.

Y esa tristeza está basada en el hecho de que muchísimos de esos recién graduados, contrario a sus sueños y metas, han tenido que conformarse con trabajar en uno o en varios de esos *«chatarra-empleos»* que hay por ahí en aras de poder cubrir sus necesidades básicas. Por eso no es nada extraño que usted vea, tanto en América como en Europa, a «jóvenes con bachillerato, o incluso con maestría, preguntándole si desea que le rellenen el vaso de su bebida o yendo a verificar si en el almacén hay el tamaño de zapato que a usted le interesa.»[cxxvi]

Y al dedicarle tanto tiempo al asunto de la búsqueda del sustento diario por medio de los *«chatarra-empleos»*, muchos de los recién titulados han tenido que ver con gran tristeza que no podrán cumplir con algunas de las enseñanzas que aprendieron en sus respectivas universidades, entre ellas, que una vez titulados tienen la obligación: (1)

de seguir ampliando sus conocimientos; y (2) de seguir buscando y revelando la verdad, particularmente, por medio del estudio constante y, sobre todo, por medio de métodos adecuados de razonamiento.[cxxvii]

II. El título viene con depresión

Vimos antes, para consternación de los titulados que recientemente han agarrado sus *diplomas de posgrado,* que «una buena educación ya no garantiza una buena vida.»[cxxviii] Pues bien, debe saber que faltan fundamentos para poder sustentar lo antes dicho. Y uno de los fundamentos, para decir que la educación ya no es una adecuada vía para una mejor calidad de vida, está basado en el hecho de que los niveles de desempleo que están relacionados con las personas que han cursado estudios universitarios, particularmente en países en donde se ama el consumismo y la cultura del espectáculo, están por las nubes.

Realmente es bien triste tener que ver, entre otros injustos asuntos, que en este planeta de mierda hay millones de personas que a pesar de estar sólidamente preparadas, inclusive personas con doctorados, no pueden conseguir unos buenos empleos que les permitan tener una buena calidad de vida. Y eso es un asunto bien triste por motivo de que «la frustración, la tristeza y la agonía de no poder trabajar dignamente y proveer el sustento a una familia» es «la mayor tragedia para cualquier persona con un sentido de respeto a sí mismo.»[cxxix]

Con lo anterior en mente, debe tener presente que en el mundo hay millones de personas sólidamente educadas que, por motivo de los *rompimientos de las burbujas universitarias*, sufren de depresiones, ansiedades y/o estreses por motivo de no poder conseguir trabajo o por tener que trabajar en unos empleos que, por decir lo menos, son puras chatarras.

Y téngase en cuenta que el mencionado panorama se oscurece más todavía cuando uno sabe que, todos los años, poco más de cuarenta millones de jóvenes –la inmensa mayoría de ellos con algún nivel de educación universitaria– ingresan a unos agonizantes e inciertos mercados laborales que, por decir lo menos, no están preparados para recibirles. Decimos eso porque está demostrado que en los mercados laborales, especialmente en los de *América & Europa*, existe una «falta de demanda de trabajadores», particularmente, de trabajadores con estudios universitarios.[cxxx]

Mencionado lo anterior, imaginamos que algunos estarán preguntándose las razones por las cuales manifestamos que el panorama se oscureció. Debe saber que expresamos eso, principalmente, porque muchísimos de los mencionados *titulados* – en especial los que recientemente han obtenido diplomas en universidades que no son internacionalmente prestigiosas–, de poder costear los servicios, se verán obligados a recibir ayudas psiquiátricas y/o psicológicas en aras de poder manejar las distintas condiciones de salud mental que desarrollarán por sentirse frustrados por el hecho de ver, contrario a las creencias que tenían, que sus grados académicos no les servirán ni para poder vivir una vida *económicamente independizada*.

Dicho eso, nos parece apropiado mencionar que no tendremos que esperar mucho tiempo para ver los nefastos estragos mentales que tienden a provocar las rupturas de las *burbujas universitarias*. Decimos eso por motivo de que, a nivel mundial, abundan los estudios que demuestran lo antes mencionado. Y un buen ejemplo sobre eso, indudablemente, es un análisis que fue realizado por el Departamento de Psiquiatría del recinto de Ciencias Médicas de la **Universidad de Puerto Rico**.

Según los resultados de dicho análisis, que fue liderado por el *Dr. Luis Caraballo*, durante los últimos años se ha visto un sustancial incremento en los servicios psicológicos y psiquiátricos con el fin de ayudar a personas altamente educadas.

De hecho, el análisis establece que durante los últimos años las oficinas de los psicólogos y de los psiquiatras han estado abarrotándose de jóvenes que, lamentablemente, llegan «con sentimientos de frustración, tristeza y desesperanza porque no consiguen trabajo a pesar de que están bien cualificados.»[cxxxi]

Sin contar que –según los resultados del mismo análisis– también están los jóvenes altamente educados que, después de chocar con la dura realidad, han estado abarrotando las oficinas de los mencionados profesionales con «coraje y *pensamientos negativos o catastróficos*, por ejemplo, cuestionándose por qué escogieron determinada carrera o por qué optaron por estudiar en vez de trabajar desde el principio.»[cxxxii]

III. Criminalidad y *«chatarra-títulos»*

Es de masivo conocimiento que el mundo se encuentra atravesando por una recesión económica de grandes proporciones, al punto de que abundan los economistas que manifiestan que dicha recesión debe ser llamada *La Gran Recesión*. También es conocido que la mencionada recesión económica mundial, que en algunos países –como en *Puerto Rico & Grecia*– ha llegado a convertirse en una poderosa depresión económica, le ha dado unos duros golpes a la clase media y, sobre todo, a los pobres.

Sobre los duros golpes a la clase media debe recordarse que se ha visto, para consternación de los *universitarios* que tienen el utópico pensamiento de que los títulos académicos que obtengan les podrán brindar una calidad de vida razonable, que las familias americanas y europeas que componen la clase media «parecen haberse estancado financieramente en lo que respecta a los recursos que poseen para cubrir necesidades como vivienda, alimentación, salud, educación y jubilación.»[cxxxiii]

Y téngase en cuenta que el golpe antes mencionado es el más suave que ha dado *La Gran Recesión*. Puesto que si uno sigue analizando los otros golpes que ha dado dicha recesión económica, particularmente los golpes que le ha dado a la economía y a la educación universitaria, uno no puede más que espantarse. Decimos eso por motivo de que cada día, tanto en el *Viejo Mundo* como en el *Nuevo Mundo*, son más las personas «que han perdido su empleo (...). Y en algunos casos son personas con las mayores credenciales educativas y profesionales, altamente capacitadas, que han perdido su empleo y no logran conseguir otro.»[cxxxiv]

Con ese panorama en mente, nos imaginamos que algunos se estarán preguntando qué carajos tiene que ver lo antes dicho con el asunto de la criminalidad y los títulos académicos. Pues bien, es de saber que todo lo antes discutido se relaciona con el tema de la sección por motivo de que estamos viendo que en *Europa* y en *América*, debido a las altas tasas de desempleo y al achicamiento de los mercados laborales, cada día hay más personas que abrazan conductas delictivas con el fin de poder llevar algo de comida a la mesa. Y eso, si lo analizamos con mucho cuidado, no debe causar mucha sorpresa. Puesto que abundan los análisis y las tesis que así lo confirman.

De hecho, lo acabado de mencionar nos ha hecho recordar un análisis que fue realizado por profesores de la **Universidad de Puerto Rico**. Y nos recordamos del mencionado análisis por motivo de que una de sus conclusiones señala, en lo pertinente, que en la mayoría de los países está ocurriendo algo bien nefasto, a saber, que «a medida que el mercado laboral legítimo no es capaz de producir los empleos para sobrevivir, no es de sorprendernos que existan avenidas ilegales que llenen el espacio que el mercado laboral no ha logrado satisfacer desde hace mucho tiempo...».[cxxxv]

Ahora bien, lo que sí debe sorprender es, indudablemente, saber que cada día aumentan los criminales educados. Es decir, ahora es común que uno pueda ver, entre otras sorpresas, que muchos criminales que han sido procesados por las agencias del orden público estudiaban en instituciones de educación superior.

Y más sorprendente es saber que cada día aumentan los titulados que, por no tener los medios legítimos para poder satisfacer sus necesidades básicas: (1) enganchan sus diplomas universitarios; y (2) abrazan conductas criminales y antiéticas en aras de poder tener algo de dinero.

Con lo anterior en mente, debe recordarse que cuando una recesión o depresión económica azota duramente la economía de un país es normal que uno pueda ver, entre otras conductas criminales, que muchas personas educadas y desempleadas decidan abrazar el crimen –y eso incluye conductas antiéticas– como una forma de vida.

De hecho, es de masivo conocimiento que cuando una recesión económica toca las puertas de los países prohibicionistas y consumistas, el tráfico ilegal de drogas y/o armas se convierte en «la fuente de ingresos para muchas familias y comunidades que no tienen otros métodos legales de sobrevivir y pagar por su subsistencia.»[cxxxvi] Por eso ahora no es raro ver que en algunos *países prohibicionistas*, como en Puerto Rico y en los Estados Unidos de América, los agentes del orden público se pasen arrestando a universitarios y a titulados: (1) por estar lavando dinero; y/o (2) por estar vendiendo (ilegalmente) drogas y/o armas de fuego.

Y lo que estamos discutiendo se pone más feo todavía. ¿Sabe por qué? Primero, porque el hecho de que sean muchísimos los universitarios y los titulados que estén abrazando conductas delictivas en aras de poder ganar algo de dinero demuestra, incuestionablemente, que ya no es válida esa máxima que establece, en lo pertinente, que si los jóvenes son educados es altamente probable que (los jóvenes) no terminen abrazando conductas delictivas.[cxxxvii]

De hecho, es incuestionable que la experiencia y la criminología han enseñado que las necesidades económicas, incluso entre las personas que tienen títulos universitarios, tienen el poder de llevar a cualquier persona a abrazar conductas delictivas.

Por eso nos atrevemos a decir que los puertorriqueños, los mexicanos, los españoles y los estadounidenses, especialmente los suertudos que viven cómodamente gracias a que laboran en unos empleos con buenos salarios y beneficios marginales, no pueden estar señalando a las personas que, después de haberse graduado de sus respectivas universidades, deciden traficar con drogas y/o armas por motivo de que no pudieron conseguir empleos decentes y estables. Es indudable que casi todos esos delincuentes, al momento de desfilar por las tarimas con sus ridículas togas universitarias, jamás pensaron que las necesidades económicas, ocasionadas por la falta de trabajo, les llevarían a aliarse con el crimen.

Y en el caso de los puertorriqueños que viven en Puerto Rico, que son mis compatriotas, mucho menos deben ser señalados. Puesto que el amiguismo, la partidocracia y el egoísmo dentro de los escenarios laborales han ocasionado que muchos jóvenes con estudios universitarios: (1) no puedan conseguir empleos; y (2) vengan obligados a abrazar el crimen como una manera de poder subsistir.

Sin contar que la principal salida que tenían muchos boricuas universitariamente educados con el fin de poder conseguir buenos empleos, desgraciadamente, fue destruida cuando explotó la burbuja económica en los *Estados Unidos de América*. Decimos eso por motivo de que a través de las décadas, como sabe todo economista e historiador, los boricuas han migrado hacia los EE.UU. en aras de tratar de conseguir buenos empleos. Sin embargo, al llegar la recesión económica y al colapsar el mercado laboral (de los EE.UU.) dichas migraciones se tornaron, *para muchísimas personas*, en acciones inútiles.[cxxxviii]

Dicho eso, es de saber que la discusión también se torna en algo nefasto porque, en estos horrorosos tiempos de recesiones y depresiones económicas, se ha podido corroborar que la inmensa mayoría de los líderes gubernamentales no son más que unos viles embusteros que, para desgracia de la juventud, no les dan importancia a los asuntos que están relacionados con la juventud.

Decimos eso por motivo de que son muchísimos los políticos que, a pesar de que se pasan diciendo por ahí que «el más importante y principal negocio público es la buena educación de la juventud»,[cxxxix] hacen poco para que la juventud pueda poner en práctica, en los distintos escenarios laborales, los conocimientos que ha adquirido por medio de la educación que han recibido.

Por eso nos atrevemos a decir que los Gobiernos, particularmente los que tienen a miles de *titulados engruesando las listas oficiales del desempleo*, tienen la obligación de modificar el mencionado eslogan. Con el fin de que diga, realistamente, que el más importante y principal negocio público es educar a los jóvenes y, más importante todavía, proveerles empleos con salarios razonables.

¿Y por qué crear empleos para los jóvenes y buenos empleos para los profesionales, por medio de medidas adecuadas que logren estimular la economía y la contratación de personal, tiene que ser una prioridad para todo *Gobierno*? Por motivo de que el trabajo, como hemos visto, «no es solamente un medio de subsistencia para las personas y familias, sino el cauce esencial para el desarrollo de las personas y de las familias.»[cxl]

Señalado lo anterior, ahora debe saber que la otra razón por la cual expresamos que la discusión se tornaría en un asunto más feo está basada en el hecho de que muchas personas que tienen *títulos académicos*, como ya hemos visto: (1) están perdiendo sus empleos a unos ritmos increíbles; *y/o* (2) no pueden conseguir buenos empleos.

De hecho, si miramos lo que está ocurriendo en América y en Europa veremos que hay un montón de personas altamente educadas y «con unas destrezas estupendas, por lo que están bien cotizadas en el mercado, que están sin trabajo. Muchas han sufrido bajas en los trabajos donde estaban porque las compañías han cerrado o han hecho restructuración.»[cxli]

Tampoco podemos pasar por alto el hecho de que muchas personas educadas y laboralmente adiestradas, debido al achicamiento de los mercados laborales, han tenido que conformarse con obtener unos trabajitos que, además de pagar unos miserables salarios, no les permiten tener una calidad de vida adecuada.

Lo dicho nos hace recordar lo que está ocurriendo en *Puerto Rico*. ¿Sabe por qué? Porque la agobiante situación económica que está presente en esa corrupta, violenta y politizada islita caribeña, penosamente, «ha hecho que más personas con mayor preparación estén dispuestas a recibir menos paga y a aceptar empleos temporeros.»[cxlii] También nos recordamos, nuevamente, sobre lo que está ocurriendo en *China*. Puesto que en ese asiático país hay muchísimas profesionales que, debido a la recesión económica, «tratan de conseguir empleos como niñeras y sirvientas, trabajos que nunca imaginaron que harían.»[cxliii]

Pues bien, es de saber que el deprimente y asfixiante panorama que hemos descrito está ocasionando un fenómeno bien sorprendente, a saber, que los incidentes de criminalidad hogareña, como los casos de maltratos en contra de parejas y niños, estén aumentando. Y eso está ocurriendo, inclusive, en hogares que están compuestos por personas altamente educadas.

Y eso, si lo analizamos fríamente, no es nada raro. Puesto que está demostrado que el desempleo, al igual que el hecho de estar trabajando en un *"chatarra-empleo"* que pague un salario de hambre, ocasiona –especialmente en personas que se han fastidiado estudiando– ansiedad, frustración, coraje, agresividad y, en el peor de los casos, depresión mayor. De hecho, es de saber que abundan las referencias psicológicas que certifican que el desempleo, al igual que trabajar en empleos que sean *puras mierdas*, se «puede correlacionar con cualquier problema social y con problemas psicológicos y trastornos mentales (...).»[cxliv]

Y téngase en cuenta que lo que estamos discutiendo, desgraciadamente, se pone más triste todavía. Especialmente cuando uno sabe que los achicamientos de los mercados laborales, al igual que los elevados niveles de desempleo a nivel mundial, están ocasionando, entre otros estragos sociales, que muchos desempleados y trabajadores que viven con el agua hasta el cuello —y dentro de esos grupos hay personas universitariamente educadas— se sientan tan agobiados y frustrados que, a la menor provocación: (1) incurren en actuaciones violentas en contra de otras personas; o (2) incurren en actuaciones suicidas.[cxlv]

Y sobre el punto número dos antes mencionado no está de más recordar que el suicidio entre los desempleados, inclusive entre los desempleados que están universitariamente educados, no es un asunto raro. Puesto que está demostrado que «el factor precipitante del suicidio puede ser algo como la falta de empleo, humillaciones o problemas económicos.»[cxlvi]

Lo que acabamos de discutir nos ha hecho recordar un lamentable caso que ocurrió en San Juan, Puerto Rico. Allí, tristemente, un experimentado *abogado* que estaba agobiado por las deudas —entre ellas una deuda con el *Departamento de Hacienda de Puerto Rico*— y por el hecho de que su labor profesional no era lucrativa tomó, durante el año 2012, la fatídica decisión de suicidarse.[cxlvii]

Otro ejemplo proviene desde India. Allí, durante el año 2012, un joven *ingeniero* –de unos treinta y dos años de edad– tomó la fatídica decisión de suicidarse. *¿Sabe por qué?* Por motivo de que su título de ingeniero, que popularmente es considerado como un grado académico que le permite a los titulados tener altas posibilidades de conseguir buenos trabajos, lo único que le trajo fue hambre, desempleo, pobreza y, sobre todo, sueños arruinados.[cxlviii]

Llegados a este punto de la discusión, es forzoso concluir que *el desempleo y el «empleo chatarra»* son unos asuntos que, incuestionablemente: (1) les provocan ira, frustración y decepción a las personas que, luego de años de estudio, no pueden conseguir buenos trabajos; (2) ocasionan serios estragos sociales en los países, entre ellos, aumentos en la incidencia criminal y aumentos en problemas que están directamente relacionados con una pobre salud mental; y (3) provocan que las sociedades se tornen más egoístas, violentas y amargadas.

Por eso estamos de acuerdo con **Joseph Aloisius Ratzinger**, Sumo Pontífice romano, cuando manifiesta, en lo pertinente, que «las condiciones difíciles o precarias del trabajo convierten en difíciles y precarias las condiciones de la sociedad misma, las condiciones de vivir de forma ordenada en base a las exigencias del bien común.»[cxlix]

Dicho eso, es de saber que todavía nos falta decir que los elevados niveles de desempleo, al igual que los «*chatarra-empleos*», también son los causantes de la ocurrencia de otro nefasto asunto social, a saber, que muchas personas educadas, pacíficas y respetuosas de los derechos de los demás decidan emigrar a otras partes del mundo.

Ocasionando con ello, para perjuicio de la calidad de vida, que en sus países de origen se queden: (a) muchas personas intelectualmente insignificantes; y (b) muchas indeseables personas, entre ellas, narcotraficantes y sicarios que se pasan cometiendo salvajadas sociales con gran impunidad y notabilidad.

En otras palabras, cuando un país no le ofrece oportunidades de empleo ni empleos decentes a las personas que se gradúan de las instituciones de educación superior, especialmente a los profesionales que están muchos años estudiando, ocurre un fenómeno que se llama **fuga de cerebros** o *fuga de talentos*. Y eso, como sabe todo sociólogo y todo economista, es sumamente perjudicial para el desarrollo de los países.

Esto nos ha hecho recordar a nuestra espantosa patria, Puerto Rico. Por motivo de que en ese pequeño país caribeño no hay trabajo para la mayoría de los titulados que estudiaron nutrición, *Derecho*, física, administración de empresas, «contabilidad, finanzas o ingeniería. Pero siempre hacen falta dependientes, cajeros y guardias de esos que se paran en las puertas de las tiendas a verificar los recibos de todo el que sale.»[cl]

Lo que ha ocasionado, para perjuicio de las futuras generaciones, que muchos de los mencionados profesionales hayan tomado la difícil decisión de emigrar hacia los Estados Unidos de América en busca de mejores oportunidades de empleo. Sin contar que, además de que se están yendo del país personas jubiladas y pacíficas que andan en busca de paz, se están quedando en la isla los pistoleros, los narcos, los borrachones y los adictos. Y todo eso, lamentablemente, es una de las causas por las cuales Puerto Rico se ha convertido en un estercolero social.

Por último, resta decir que la falta de oportunidades de empleo puede ocasionar, como ha ocurrido en muchísimos países, que surjan movimientos sociales que pacíficamente protesten en contra de las mencionadas faltas de oportunidades laborales. Y eso, analizado a primera vista, no es nada malo. Puesto que es bueno que los ciudadanos, especialmente los jóvenes, se organicen y protesten cuando así lo entiendan necesario.

El problema está en que en algunas ocasiones, como hemos visto, los movimientos populares que son encabezados por jóvenes frustrados y enojados por las faltas de oportunidades se tornan en protestas violentas. Causando, en esos casos, estragos y desórdenes públicos por doquier.[cli]

Capítulo cuatro
Cuando la culpa es tuya

I. Estupideces y redes sociales

Por último, no podemos cerrar este libro sin discutir un asunto de extrema importancia, especialmente, para los jóvenes. Y lo que vamos a decir es que los jóvenes, particularmente los que adoran utilizar artefactos tecnológicos de manera incesante, tienen que tener mucho cuidado cuando utilicen la red informática mundial, descentralizada y formada por la conexión directa entre computadoras mediante un protocolo especial de comunicación.

¿Sabe por qué decimos eso? Porque está demostrado que *Internet* «se ha convertido en una extensión de nuestro propio cerebro.»[clii] Y para hacer las cosas peor, también se sabe que la extensión del pensamiento del que estamos hablando está relacionado con el que usualmente mantenemos bajo control y oculto durante las interacciones cara a cara.

Es otras palabras, los jóvenes que están cursando sus primeros años de universidad –al igual que los jóvenes titulados que andan buscando trabajo– tienen que estar al tanto de que la red de *Internet* propicia a que saquemos a la luz pública creencias e ideas: (1) que usualmente tendemos a mantenerlas en secreto; y (2) que únicamente las expresamos cuando estamos interactuando con personas de extrema confianza.

Y de todo lo que tiene *Internet*, es indudable que las redes sociales electrónicas son las que más propician a que le revelemos al mundo nuestro lado secreto y/o, en algunos casos, nuestros más oscuros pensamientos. Por eso es correcto decir que en estos computarizados tiempos de la modernidad, en donde el derecho a la privacidad está seriamente amenazado, «las redes sociales son una ventana virtual a nuestro yo (...). Se han convertido en una especie de ventana a través de la cual se divisa gran cantidad de información sobre nuestra vida y personalidad.»[cliii]

¿Y cuál es el problema con todo lo mencionado? Que uno puede ver que muchos jóvenes, al igual que muchas personas que han llegado a una edad madurita, se pasan colocando en las redes sociales electrónicas unos pensamientos y/o unas imágenes que, aunque protegidas por el derecho a la libertad de expresión, son bastantes perjudiciales: (1) mientras se está en la tarea de conseguir empleo; y (2) para fines de mantener un buen trabajo.

Así, por ejemplo, por ahí hay un montón de titulados jóvenes que, a pesar de que cara a cara lucen ser seres inocentes y buenos, han realizado manifestaciones *xenofóbicas* en las redes sociales electrónicas. Sin contar que también hay empleados que, a pesar de que son calladitos en sus centros de trabajo, despotrican en contra de sus supervisores y/o en contra de sus empleadores en las redes sociales de *Internet*. Y lo peor de todo eso, innegablemente, es que muchas de las mencionadas personas utilizan palabras soeces y/o denigrantes.

Es indudable que lo mencionado es, por decir lo menos, algo extremadamente sorprendente y alocado. Especialmente cuando hablamos: *(1)* de jóvenes recién titulados que andan en busca de trabajo; y *(2)* de personas desempleadas que andan en busca de empleos buenos y estables. Y sorprende lo mencionado ya que todo parece indicar que las mencionadas personas se olvidan de un asunto incuestionable, a saber, que «cada vez son más los patronos que verifican los perfiles de sus empleados y aspirantes a través de las redes sociales.»[cliv]

De hecho, sabemos que hoy en día hay agencias del orden público y empresas privadas que, como parte de los *procesos de reclutamiento y ascenso*, les realizan a los aspirantes unas minuciosas investigaciones en las redes sociales electrónicas. Y si dichas investigaciones son demasiado negativas, utilizan distintas razones para no otorgarles: (1) los puestos de trabajo a los solicitantes; ni (2) los ascensos a los aspirantes.

Dicho eso, debe tenerse en cuenta que lo que estamos explicando se pone un poco más áspero, particularmente, para las personas que andan buscando trabajos estables y bien remunerados en la empresa privada. *¿Sabe por qué?* Por motivo de que estamos viendo que, cada día que pasa, las empresas privadas están utilizando firmas especializadas de reclutamiento de personal en aras de que realicen todo el proceso de reclutamiento de empleados. Y el gran problema con eso, por lo menos para los que adoran colocar en las redes sociales y electrónicas unos pensamientos y/o unas imágenes altamente comprometedoras, es que casi todas esas firmas «están recurriendo a *Internet* para tener un perfil más claro de sus prospectos.»[clv]

¿Y qué puede significar eso para las personas que, además de estar buscando trabajo en la empresa privada, adoran utilizar las redes sociales que hay en *Internet* para soltar todo lo que hay dentro de sus pensamientos? Primero, que los informes finales que preparen las firmas de reclutamiento, incuestionablemente, no serán muy positivos. Y segundo, que es altamente probable que los empleadores no les otorguen los empleos.

Por eso siempre hemos pensado que en algunas ocasiones –y esto cada vez va en aumento– la culpa de no poder conseguir ascensos, puestos de trabajo o trabajos buenos y estables reside, exclusivamente, en la propia culpa de las personas. Al olvidarse de que cada persona que utiliza asiduamente las redes sociales que hay en *Internet* tiene una huella digital –y al olvidarse de que lo que se escribe en la red de *Internet* puede ser fácilmente conseguido y visto–, muchísimas personas educadas, incluso personas con doctorados y/o maestrías, se cierran *motu proprio* las puertas del éxito laboral.

Por otro lado, y ya que hablamos sobre las redes sociales electrónicas, no está de más que mencionemos otro asunto que está afectando, de manera significativa, el futuro de muchísimos universitarios. Nos referimos aquí al asunto de que en muchísimos países democráticos y capitalistas, como en los *Estados Unidos de América*, se está dando el fenómeno de que muchos universitarios, al igual que muchos profesionales, descuidan sus horas de estudio por estar perdiendo el tiempo en las redes sociales electrónicas.[clvi] Y el mencionado descuido es tal que, lamentablemente, hay universitarios que bajan significativamente sus calificaciones.

El gran problema con eso, y téngase muy presente, es que estamos viviendo en un mundo altamente competitivo. Y muchos empleadores y reclutadores, a la hora de analizar a los solicitantes de empleo, analizan las calificaciones que se obtuvieron en las universidades. Lo que significa, obviando las excepciones que siempre ocurren, que las personas que tengan calificaciones bajas estarán –claro está, esto ocurriría si los evaluados se encuentran en igualdad de condiciones en otros aspectos a ser evaluados– por debajo de las que tengan calificaciones más altas.[clvii]

Lo discutido nos lleva a decir que los universitarios, especialmente los que sueñan con ser expertos, deben alejarse lo más que puedan de las redes sociales electrónicas. Puesto que está demostrado: (1) que no ayudan a aumentar el conocimiento; y (2) que no ayudan a aumentar el dominio sobre una determinada materia académica. Y de todas las redes sociales que hay en *Internet*, incuestionablemente, de la primera que hay que huir es de *Facebook*.

Puesto que está demostrado que esa red social y electrónica es tan llamativa que, para perjuicio del conocimiento, la inmensa mayoría de sus usuarios no hacen más que «perder el tiempo.» Decimos eso por motivo de que la mayoría de los mencionados usuarios, en vez de estar leyendo o escuchando informaciones que aumenten sus conocimientos, pasan una significativa cantidad de horas a la semana: (1) viendo y analizando asuntos relacionados con los «chismes» y la «farándula»; y (2) jugando uno «jueguitos adictivos» e inútiles.[clviii]

Capítulo cinco
Frases y pensamientos

I. Frases y pensamientos del autor

1.

No dejes, *amiga mía*, que el pensamiento dominante y popularista –que está basado en tendencias consumistas, vanidosas y egoístas– haga que anheles parecerte a una de esas huesudas de revista. Lo importante es que las pruebas de laboratorio, basadas en data científica, determinen que tu cuerpo interior está en óptimas condiciones.

2.

La escritura es, indudablemente, mi antidepresivo, mi confidente y, sobre todo, mi verdadero amor.

3.

Es indudable que el pensamiento capitalista y mercantilista ha penetrado dentro de la educación superior. Por eso no es extraño ver que en este contaminado y corrupto mundo de mierda existan un montón de instituciones de educación superior, la inmensa mayoría de ellas privadas, que gradúan a cualquier imbécil: (a) que tenga el tiempo para realizar trabajos mediocres; y (b) que tenga el dinero para pagar por sus estudios.

4.

Si usted quiere ser *profesor universitario*, no piense que escribiendo libros y publicando artículos académicos logrará alcanzar dicha prestigiosa posición. Decimos eso por motivo de que el mundo en el que vivimos se ha vuelto tan corrupto y antiético que, tristemente, usted tiene más posibilidades de convertirse en *profesor universitario* si utiliza conexiones políticas y/o sociales.

5.

La *educación superior* es, en la inmensa mayoría de los países, un fiasco. Puesto que uno puede ver que, a pesar de que hay muchísimos doctores, incontables universitarios y muchos profesores, se realizan pocos descubrimientos científicos de titánicas proporciones.

6.

Todo país tiene que tener una ley que establezca, claramente, que cuando una recesión o depresión económica azote su economía los salarios de los legisladores se reducirán a la mitad. Y esa misma ley también tiene que establecer que todos los beneficios de los legisladores, como los estipendios por concepto de dietas y vehículos, serán eliminados. ¿Y por qué eso debe ser así? Porque los legisladores son los representantes del *pueblo*, y dichos representantes no pueden estar disfrutando de tantos privilegios mientras el *pueblo* sufre los embates de una recesión o depresión económica.

Ismael Leandry Vega

7.

Una buena prueba que puede demostrar que la *enseñanza universitaria* dentro de un país es una mierda, es el hecho de que sus instituciones de educación superior —tanto las privadas como las públicas— no hayan podido producir un pensador o un investigador de alto calibre que haya ganado un prestigioso premio relacionado con el pensamiento superior, como lo es, indudablemente, el *premio Nobel.*

8.

Si usted no ha ganado un premio de fama mundial que esté relacionado con el intelecto superior —como lo es el *premio Nobel*— ni ha sido considerado para recibir una de esas prestigiosas premiaciones, por favor, no me venga con el cuento de que usted es una persona inteligente. La inteligencia no está relacionada con *coeficientes intelectuales* elevados ni con la obtención de grados académicos.

Recuerde que la inteligencia superior está relacionada con la realización de acciones notables que, entre otros asuntos: *(a)* ayuden a la expansión del conocimiento humano; *(b)* ayuden a minimizar el hambre y las enfermedades; *(c)* achiquen las brechas económicas entre ricos y pobres; y *(d)* ayuden a llevar paz a zonas en conflicto.

9.

¡Oh amado conocimiento! Es trágico ver que el imperio de la idiotez y del consumismo se ha apoderado del pensamiento humano. Y más trágico es ver que hemos llegado al punto de que a los máximos representantes de ese embrutecedor, poderoso y pegajoso imperio, como son los deportistas profesionales y los artistas de cine y televisión, se le otorga más importancia social: (a) que a los ganadores del *premio Nobel*; y (b) que a los grandes filósofos de la historia.

10.

Es indudable que estos son unos tiempos sumamente trágicos y, sobre todo, peligrosos. *¿Sabe por qué indicamos eso?* Porque uno puede ver que en la mayoría de los países, para detrimento de las próximas generaciones, los medios de comunicación que se pasan transmitiendo asuntos relacionados con el imperio del espectáculo se han convertido en los principales educadores de la juventud.

11.

En los Estados Unidos de América y en Puerto Rico, al igual que en otros países de América, hay unas instituciones de educación que operan como si fueran *grupos mafiosos.* Así, por ejemplo, hay instituciones universitarias en donde los presidentes han contratado como profesores –y pagándoles unos enormes sueldos– a sus hermanos, hijos, amantes, amigos y vecinos. Y lo más trágico de eso, innegablemente, es que lo han hecho obviando las credenciales de muchos de los solicitantes que fueron obviados en aras de otorgarles los puestos de enseñanza a las personas antes mencionadas.

Pero la mejor evidencia que demuestra la operación mafiosa de muchas instituciones de educación superior es que la dirección de muchas de ellas ha estado, por décadas, en manos de una misma familia. Por eso no es raro ver que el hijo, la esposa o la amante de un presidente universitario que dirige una universidad privada, ilógicamente, acabe con el control de la mencionada universidad.

12.

Aléjese de todas aquellas instituciones de educación superior que, parecidas a los establecimientos de comida chatarra, se mercadean agresivamente en los medios de comunicación. Y se tiene que alejar por motivo de que universidades como ésas, que suelen convertir a los universitarios en esclavos de los prestamistas, demuestran que no respetan el conocimiento ni la educación.

Recuérdese que únicamente un mercantilista despreciable, que es un exagerado adorador del dinero, se atreve a mercadear el conocimiento y la educación, que son unos asuntos bien importantes para el avance de las sociedades, como si fueran hamburguesas y papillas fritas.

13.

En un país en donde las preocupaciones y las necesidades de los universitarios son asuntos prioritarios los *Gobiernos*, entre otras positivas acciones, no permiten que las instituciones privadas de educación superior se lucren ofreciendo programas de estudio que tengan bajos niveles de colocación laboral.

14.

En Europa y en América hay muchísimas instituciones de educación superior, especialmente instituciones privadas, en donde una inexperta y joven mujer que tenga una maestría, un redondeado culo, una linda cara y unas firmes y grandes tetas tiene –y por mucho– más oportunidades de conseguir una plaza como profesora que una doctora que sea fea, inteligente y experta en su área.

15.

Uno se sorprende de la enorme idiotez que presentan muchísimas personas que han obtenido grados doctorales en universidades que no gozan de prestigio internacional. Y nos sorprendemos ya que muchísimos de esos doctores creen que los doctorados que han obtenido en sus *mequetrefes universidades*, que no aparecen en los ránquines de las universidades más prestigiosas, son mejor vistos que las licenciaturas que se han obtenido en las universidades que, décadas tras décadas, han estado en los primeros puestos de los ránquines que están relacionados con el prestigio de las universidades.

Ismael Leandry Vega

16.

Para la poderosa élite que controla las riendas del mundo capitalista, consumista y neoliberal, las verdaderas universidades son las que están en los topes de los ránquines universitarios, como por ejemplo, la *Universidad de Harvard*, *la Universidad de Oxford*, *la Universidad de Yale* y *la Universidad de Princeton*. Las demás universidades, como las que están en los fondos de los ránquines universitarios, no son más que unas universidades de pacotilla que se han convertido en cuidadoras y entretenedoras de jóvenes que pertenecen a las clases menos aventajadas. Por eso no es raro ver que las empresas que les pertenecen a los miembros de la mencionada elite solamente recluten, con notables excepciones, a titulados que se hayan graduado de las universidades más prestigiosas y respetadas.

17.

Como hemos visto, cuando una recesión económica revienta una burbuja universitaria: (a) muchísimos jóvenes recién titulados van a parar a las filas del desempleo; y (b) muchísimas personas altamente educadas pierden sus empleos. Pues bien, siempre hemos pensado que los *Gobiernos* que sufren los embates de una fuerte recesión económica tienen el deber de aumentar varias de sus nóminas públicas. De manera que puedan aprovecharse de la enorme cantidad de personas altamente educadas que, además de estar entristecidas, se encuentran en las filas del paro. Y varias de las nóminas públicas que deben aumentarse lo más que se pueda, para beneficio del *pueblo*, son las nóminas de las agencias del orden público.

Ahora bien, en aras de que lo mencionado sea efectivo se deben aprobar varias leyes en donde se aumenten los requisitos educativos para poder solicitar empleo en las oficinas de reclutamiento de las agencias del orden público. De manera que existan unas disposiciones legales y específicas que garanticen, en lo pertinente, que únicamente personas altamente educadas podrán solicitar empleo. ¿Y cuáles serían los requisitos educativos que deberían ser establecidos? Sería buena idea establecer que únicamente personas con doctorados y/o maestrías podrían solicitar empleo.

Dicho eso, sé que algunos estarán pensando que aumentar los requisitos educativos para poder solicitar empleo en un cuerpo policial ocasionaría, entre otros asuntos, que pocas personas soliciten empleo como agentes del orden público. Y sé, además, que algunos puedan pensar que serían muy pocos los candidatos que, después de pasar las rigurosas examinaciones de entrada, pudieran ser nombrados como policías.

Pues bien, a esas personas les decimos que no hay razón para preocuparse. Puesto que las depresiones y recesiones económicas garantizan varios asuntos, entre ellos, que habrán muchísimas personas con maestrías y doctorados que estarán desempleadas y deseosas de conseguir un trabajo, incluso, como agentes del orden público. De manera que la cantidad de candidatos altamente educados estarán, mientras duren las recesiones y las depresiones económicas, por las nubes.

¿Y cuáles serían los beneficios de hacer lo antes sugerido, particularmente, para los cuerpos policiales? Primero, que las agencias policiales se profesionalizarían. Segundo, que los cuerpos policiales tendrían una pequeña garantía de que personas maduras, aplicadas y educadas estarían ingresando dentro de sus filas. Lo que aliviaría, aunque sea un poco, la preocupación de tener que estar supervisando *a jóvenes* inmaduros, ignorantes y deficientemente educados que entren a trabajar como agentes del orden público.

Ahora bien, estamos conscientes de que lo antes sugerido pertenece al mundo de la utopía. Puesto que la inmensa mayoría de los gobernantes, que adoran utilizar los cuerpos policiales como si fueran sus *compañías de seguridad*, no desean que los cuerpos policiales sean abarrotados por personas altamente educadas ni, sobre todo, por personas que adoren cuestionar las atrocidades que regularmente son cometidas por los favorecedores del *statu quo*.

Y los gobernantes no desean lo antes mencionado por motivo de que las personas altamente educadas, por lo regular, no están dispuestas a seguir instrucciones ilegales ni, sobre todo, instrucciones que violenten los derechos civiles. Sin contar que tener personas altamente educadas dentro de los cuerpos policiales –y recuérdese que los cuerpos policiales adoran violentar derechos civiles– significaría, en beneficio del *pueblo*, que dentro de sus filas laborarían un montón de personas que estarían altamente dispuestas a denunciar pública y continuamente las atrocidades y las acciones antiéticas que comúnmente cometen los cuerpos policiales.

18.

Los países que tienen un buen *Gobierno* tienen en sus Constituciones varias cláusulas que establecen, entre otros asuntos, que ningún legislador ganará un salario mayor (incluyéndose en ese cómputo los estipendios de carro, dieta, ropa, entre otros) que el salario promedio dentro de sus respectivos países.

19.

A veces pienso que la mayoría de los habitantes que viven en países consumistas, capitalistas y envenenados con los asuntos que están relacionados con el mundo del espectáculo, que por lo regular son ciudadanos que no tienden a realizar aportaciones significativas en *beneficio del conocimiento* ni en *beneficio de las letras humanas*, son demasiado exigentes con los sistemas de enseñanza pública. Si uno analiza, con sumo cuidado, lo que hacen tales sistemas día tras día uno no puede más que aplaudirles.

Decimos eso porque las escuelas se han convertido, especialmente en los mencionados países, en las principales formadoras de seres humanos. Es decir, son las escuelas las que se encargan de convertir a unos pequeños animales en unos seres pensantes y racionales.

Además de eso, no podemos obviar que las escuelas que operan en los mencionados países, tanto las públicas como las privadas, se han convertido en las principales cuidadoras de niños. Por eso uno puede ver que, mientras los progenitores trabajan y murmuran dentro de sus respectivos centros de trabajo, las escuelas se encargan de alimentar, educar y cuidar a los niños.

Por eso siempre hemos dicho que si uno analiza desapasionadamente el asunto de los sistemas educativos dentro de los mencionados países, incluso sabiendo sobre las enormes fallas que tienen, uno tiene que agradecer la titánica labor que realizan los maestros.

Dicho eso, debemos mencionar que la inmensa mayoría de los(as) muchachos(as) que se gradúan de los sistemas educativos que existen en los mencionados países salen, *intelectualmente hablando*, bien jodidos. Al punto de que salen amando el consumismo, el egocentrismo y, sobre todo, todo lo que esté relacionado con el baile, la botella y la baraja. Sin contar que también salen sin sentir el más mínimo deseo por contribuir: (a) con el conocimiento humano; ni (b) con las letras humanas.

En fin, los mencionados jóvenes salen tan intelectualmente fastidiados que, lamentablemente, una de sus principales metas es poder conseguir unos trabajitos que les permitan tener la seguridad de que podrán comer, chingar, entretenerse, hablar mierdas insignificantes y, sobre todo, esperar la muerte con unas buenas pensiones de retiro.

Ahora bien, estamos conscientes de que dentro de los sistemas educativos hay jóvenes que tienen unas formidables aptitudes y actitudes para el estudio. Y reconociendo eso, es indudable que salta a la vista una pregunta, a saber, ¿qué hacemos con todos esos jóvenes que tienen un enorme potencial de realizar formidables actos durante su adultez? Pues bien, debe saber que siempre hemos pensado que todos los países deben crear escuelas especializadas, en donde se instruyan a los mencionados jóvenes y a los niños superdotados.

La idea es sacar a todos los mencionados niños, que tienen un elevado potencial de realizar contribuciones en favor del conocimiento si se les da la mano, de las corrientes regulares. De manera que sus mentes sean entrenadas, desde tempranito, en ambientes escolares: (a) altamente competitivos; (b) intelectualmente interesantes; y (c) en donde se respire amor por la sabiduría, la ciencia y el conocimiento.

Pero lo que estamos discutiendo no se debe quedar ahí. Siempre hemos pensado que esas escuelas especializadas deben ser, además, instituciones de educación superior. De esa manera los talentosos jóvenes, que por lo regular tienen altas posibilidades de adelantar varios grados escolares debido a sus enormes diligencias para con sus estudios, realizarían sus estudios universitarios en los mismos controlados ambientes y recibirían una educación centrada en la tecnología, en la ciencia y en las matemáticas. Sin contar que existiría una garantía, aunque pequeñita, de que esos prometedores jóvenes obtendrían sus *grados académicos*. Y dichos niveles educativos, indudablemente, deberían llegar hasta el nivel de maestría.

Llegados a este punto de la discusión, sé que algunos se están preguntando las razones por las cuales proponemos lo antes indicado. Primero, porque se sabe que mezclar a niños superdotados o altamente comprometidos con sus estudios con estudiantes de las corrientes regulares, que por lo regular han sido gravemente envenenados con los venenos del consumismo, de la farándula y de los popularismos, puede ocasionar que las mentes de los talentosos niños terminen fastidiadas y, como consecuencia de ello, se pierdan tales talentos.

20.

Son muchísimas las *instituciones de educación superior* que se pasan diciéndoles a sus estudiantes y a sus potenciales estudiantes, entre otros asuntos, que deben estudiar dentro de sus recintos por motivo de que por medio del conocimiento que puedan adquirir pueden dizque realizar grandes contribuciones en beneficio de la humanidad.

Sin contar que en algunas ocasiones los mensajes se vuelven tan utópicos que, infundadamente, les dicen a los jóvenes que los conocimientos adquiridos pueden ocasionar que realicen unas aportaciones tan significativas que, como si fueran magnos filósofos, podrían realizar cambios sociales significativos.

Pues bien, al analizar todo eso fríamente tenemos que llegar a la conclusión de que dichos discursos no son más que unas sofisticadas técnicas de mercadeo que buscan: (a) capturar la atención de los jóvenes que tienen unas extraordinarias aptitudes y actitudes para los estudios; y (b) mantener en estado de interés a los universitarios que, además de demostrar una *perseverante aplicación*, han comenzado sus estudios universitarios.

¿Y por qué expresamos eso? Por motivo de que no se les dice a los jóvenes, entre otras verdades, que ellos tienen poquísimas posibilidades –y en la mayoría de los casos no tendrán ninguna– de realizar lo antes dicho. Y ello es así por motivo de que está demostrado que a la mayoría de los seres humanos, y en especial a los adoradores de las mierdas que están relacionadas con el mundo del espectáculo, no les interesan las investigaciones ni los escritos filosóficos que aportan significativas recomendaciones. Lo más que les interesa es, entre otras *«idiotizantes»* acciones, que se actualicen sus artefactos tecnológicos, que se mejoren sus programas televisivos favoritos y, sobre todo, que se mejoren las formas para que puedan llenar sus panzas con alimentos.

Ismael Leandry Vega

Y la mejor evidencia que demuestra la falta de interés que tiene la raza humana hacia el conocimiento es que uno puede ver, entre otras tragedias intelectuales, que la inmensa mayoría de las *tesis de grado* –tanto las doctorales como las de maestría– que hay en las universidades están cogiendo polvo y, sobre todo, adornando los anaqueles de las bibliotecas. Realmente es bien lamentable tener que reconocer que la inmensa mayoría de los conocimientos y de las buenas sugerencias que están plasmadas en las *tesis de grado*, para perjuicio de la humanidad, se pierden y se ignoran.

Y no hablemos de los innumerables estudios y libros que se pasan publicando las personas que, además de ser brillantes, respetan y adoran el conocimiento. Puesto que uno puede ver, con mucha tristeza, que dichos conocimientos también pasan desapercibidos.

Pero lo más trágico e incomprensible es que sean los propios *Gobiernos*, muchos de ellos administrando países que están saturados de instituciones de educación superior, los que rechacen darles unas miraditas a los conocimientos que se han plasmado en las tesis de grado, en los estudios científicos y, sobre todo, en los libros de no ficción.

En fin, es indudable que lo dicho apunta a que la inmensa mayoría de los *Gobiernos*, habiendo vastos conocimientos que podrían mejorar las ejecutorias gubernamentales, adoran aferrarse a la improvisación y a las sugerencias populistas que se pasan brindando todos esos *"pop-expertos"* que tienen gran exposición en los medios de comunicación.

21.

Otra cuestión que se puede utilizar como muestra de que las universidades dentro de un país no son más que unas timadoras es, indiscutiblemente, el hecho de que uno pueda ver, entre otros decepcionantes asuntos, que a pesar de que hayan conferido un montón de títulos académicos los índices de criminalidad, corrupción, maltratos y pobreza – dentro del país en donde operen– sean elevadísimos e intolerables.

22.

Debe notarse que escribimos que la inmensa mayoría de los miembros de las poderosas elites que controlan las riendas de los países capitalistas y neoliberales piensan, entre otros asuntos, que los egresados de las universidades más respetadas y admiradas son mejores candidatos a empleo que las personas que se han graduado de todas esas universidades que no aparecen en los ránquines que están relacionados con el prestigio y la respetabilidad de las universidades.

Pues bien, es obvio que ese tipo de pensamiento les provoca enfado a muchísimas personas. Al punto de que algunas dicen que ese tipo de pensamiento elitista no hace más que perpetuar las desigualdades sociales. Y dicen eso ya que, como enseña la experiencia, los hijos de las personas más ricas y poderosas, por lo regular, van a estudiar a las universidades que se encuentran en los topes de los ránquines que están relacionados con el prestigio y la respetabilidad de las universidades.

Pues bien, es obvio que si uno analiza lo mencionado con gran profundidad uno no puede más que concluir que la creencia de las mencionadas élites no es otra cosa que el reflejo del populacho. De hecho, si uno analiza el pensamiento pueblerino –en los mencionados países– uno se puede percatar, entre otros curiosos asuntos, de que muchísimos ciudadanos piensan que hay ciertas instituciones de educación superior que son mejores que otras.

Así, por ejemplo, si vamos a Puerto Rico y a los Estados Unidos continentales veremos que cientos de miles de ciudadanos piensan que la *Universidad de Harvard*, ubicada en los Estados Unidos continentales, es mucho mejor que la *Pontificia Universidad Católica de Puerto Rico*. Sin contar que también hay muchísimos boricuas y estadounidenses que piensan que la inmensa mayoría de los titulados que han obtenido grados doctorales en la *Universidad de Harvard* son, y por mucho, más inteligentes y aplicados que los doctores que se han graduado de instituciones de educación superior que se encuentran en los fondos de los ránquines universitarios.

Pero lo más curioso de todo lo que estamos discutiendo es que muchos empresarios que manejan negocios de pequeño y mediano tamaño, que casi siempre son negocios administrados por personas que no pertenecen a las mencionadas élites, prefieren contratar egresados de universidades prestigiosas y respetadas.

En fin, lo discutido demuestra que son las propias masas las que favorecen cierto grado de elitismo universitario a la hora de contratar personal. Y como eso es así los populachos no tienen la fuerza moral para despotricar en contra de sus propias creencias ni, sobre todo, para estar quejándose de que los mercados laborales apliquen el *elitismo universitario*.

23.

Hay un dicho popular que establece, realistamente, que no se puede tapar la realidad con la utopía. Pues bien, si aplicamos el mencionado dicho a los asuntos que están relacionados con la educación superior veremos, en lo pertinente, que hay titulados que no pueden estar quejándose de que están desempleados o que están trabajando en unos *«chatarra-empleos»* que no están relacionados con sus áreas de estudio.

Decimos eso porque dichos titulados, a la hora de escoger libre y voluntariamente sus respectivas universidades, escogieron estudiar en unas instituciones de educación superior que, por ser unas mierdas, no se encontraban en ninguno de esos afamados y respetables ránquines que están relacionados con el prestigio y la respetabilidad de las universidades. Sin contar que hay un montón de quejosos que, idiotamente, escogieron estudiar unas carreras universitarias que, según los análisis laborales, tenían unos bajísimos índices de colocación laboral.

Ismael Leandry Vega

Referencias

[i]Franco, F. (2012, 5 de marzo). **Profesionistas, de las mayores víctimas del desempleo.** México, Latinoamérica.: *El Economista.* Información consultada el 23 de agosto de 2012, de http://eleconomista.com.mx/.

[ii]Walker, J. (2012). **La obsesión de las tecnológicas por contratar sólo a los mejores empleados.** Nueva York, EEUU.: *The Wall Street Journal.* Información consultada el 30 de julio de 2012, de http://online.wsj.com/public/page/espanol-inicio.html.

[iii]Walker, J. (2012). **La obsesión de las tecnológicas por contratar sólo a los mejores empleados.** Nueva York, EEUU.: *The Wall Street Journal.* Información consultada el 30 de julio de 2012, de http://online.wsj.com/public/page/espanol-inicio.html.

[iv]Brunymarie Velázquez. **De cara a una nueva pobreza.** (2011). Guaynabo, Puerto Rico.: *El Nuevo Día.* [Versión electrónica]. Léase, además: Antonio R. Gómez. **La crisis real es la falta de empleos.** (2011). Guaynabo, Puerto Rico.: *Primera Hora.* [Versión electrónica]; Bonnie Kavoussi. **Number Of PhD Recipients Using Food Stamps Surged During Recession: Report.** (2012). New York, U.S.: *The Huffington Post.* Información consultada el 30 de julio de 2012, de http://www.huffingtonpost.com/; **La pobreza que puso en jaque a un gobierno.** (2012). Londres, Reino Unido.: *British Broadcasting Corporation (BBC).* Recuperado el 24 de julio de 2012, de http://news.bbc.co.uk/.

[v]**Pobreza en Estados Unidos podría alcanzar niveles récord.** (2012). Guaynabo, Puerto Rico.: *Primera Hora.* [Versión electrónica]. Léase, además: Dan Froomkin. (2012). **Half Of American Households Hold 1 Percent Of Wealth.** New York City, New York, U.S.: *The Huffington Post.* Información consultada el 30 de julio de 2012, de http://www.huffingtonpost.com/.

[vi]**Pobreza en Estados Unidos podría alcanzar niveles récord.** (2012). Guaynabo, Puerto Rico.: *Primera Hora.* [Versión electrónica].

[vii]Bonnie Kavoussi. **Number Of PhD Recipients Using Food Stamps Surged During Recession: Report.** (2012). New York City, New York, U.S.: *The Huffington Post.* Información consultada el 30 de julio de 2012, de http://www.huffingtonpost.com/.

[viii]Hernández, L. (2011). **La mitad de profesionistas con doctorado en México son desempleados.** México, Latinoamérica.: *La Vanguardia.* Información consultada el 25 de julio de 2012, de http://www.vanguardia.com.mx/.

[ix]Maritza Díaz Alcaide. **Juan Dalmau asegura que el desempleo ronda el 37%.** (2011). Guaynabo, Puerto Rico.: *Primera Hora.* [Versión electrónica]. Léase, además: Antonio R. Gómez. **La crisis real es la falta de empleos.** (2011). Guaynabo, Puerto Rico.: *Primera Hora.* [Versión electrónica]; **Dilemas de jóvenes científicos.** (2008). Londres, Reino Unido.: *British Broadcasting Corporation (BBC).* Recuperado el 30 de julio de 2012, de http://news.bbc.co.uk/hi/spanish/news/.

[x]**La Iglesia española no condena los recortes: confía en que ayuden a crear empleo y superar la crisis.** (2012). España, Unión Europea.: *Diario Crítico.* Información consultada el 30 de julio de 2012, de http://www.diariocritico.com/.

[xi]**Clave atemperar currículos al mercado.** (2006, 7 de febrero). Guaynabo, Puerto Rico.: *El Nuevo Día.* Recuperado el 7 de febrero de 2006, de http://www.endi.com/.

[xii]John F. Wasik. **La educación cara es lesiva.** (2006, 18 de julio). Guaynabo, Puerto Rico.: *El Nuevo Día.* Recuperado el 18 de julio de 2006, de http://www.endi.com/. Véase, además: Hernández, L. (2011). **La mitad de profesionistas con doctorado en México**

son desempleados. México, Latinoamérica.: *La Vanguardia*. Información consultada el 25 de julio de 2012, de http://www.vanguardia.com.mx/.

xiiiRichard Blando Peck. **Alternativas socioeconómicas**. (2007, 16 de noviembre). Guaynabo, Puerto Rico.: *El Nuevo Día*. [Versión electrónica].

xiv**Una generación que pisa y no arranca**. (2011). Guaynabo, Puerto Rico.: *El Nuevo Día*. [Versión electrónica].

xvRichard Blando Peck. **Alternativas socioeconómicas**. (2007, 16 de noviembre). Guaynabo, Puerto Rico.: *El Nuevo Día*. [Versión electrónica]. Léase, además: **¿En qué se parece la crisis de la eurozona al colapso de Roma?** (2012). Londres, Reino Unido.: *British Broadcasting Corporation (BBC)*. Recuperado el 30 de julio de 2012, de http://news.bbc.co.uk/hi/spanish/news/.

xviFernando Ravsberg. (2010). **Los brazos perdidos**. Londres, Reino Unido.: *British Broadcasting Corporation (BBC)*. Recuperado el 30 de diciembre de 2010, de http://news.bbc.co.uk/hi/spanish/news/.

xviiFernando Ravsberg. (2010). **Los brazos perdidos**. Londres, Reino Unido.: *British Broadcasting Corporation (BBC)*. Recuperado el 30 de diciembre de 2010, de http://news.bbc.co.uk/hi/spanish/news/.

xviii**Heinrich Heine**. (2011). Valencia, España.: *Proverbia*. Recuperado el 31 de octubre de 2011, de http://www.proverbia.net/.

xixAurora Rivera Arguinzoni. **Puerto Rico es otro Vietnam según criminólogo**. (2012). Guaynabo, Puerto Rico.: *El Nuevo Día*. [Versión electrónica]. Léase, además: John Gray. **Karl Marx tenía razón**. (2012). Londres, Reino Unido.: *British Broadcasting Corporation (BBC)*. Recuperado el 30 de julio de 2012, de http://news.bbc.co.uk/hi/spanish/news/.

xxTimm Weber. **La bomba de tiempo del desempleo juvenil**. (2012). Londres, Reino Unido.: *British Broadcasting Corporation (BBC)*. Recuperado el 30 de julio de 2012, de http://news.bbc.co.uk/hi/spanish/news/. Léase, además: Maritza Díaz Alcaide. **Juan Dalmau asegura que el desempleo ronda el 37%**. (2011). Guaynabo, Puerto Rico.: *Primera Hora*. [Versión electrónica]; Díaz, M. (2005, 24 de mayo). **Detrimental la industria del ocio**. Guaynabo, Puerto Rico.: *El Nuevo Día*. Recuperado el 24 de mayo de 2005, de http://www.endi.com/; **Benedicto XVI dice que las condiciones laborales afectan la sociedad**. (2011). Guaynabo, Puerto Rico.: *Primera Hora*. [Versión electrónica]; Bonnie Kavoussi. **Number Of PhD Recipients Using Food Stamps Surged During Recession: Report**. (2012). New York City, New York, U.S.: *The Huffington Post*. Información consultada el 30 de julio de 2012, de http://www.huffingtonpost.com/; Veronica Smink **¿Debería ser gratuita la educación en Chile?** (2011). Londres, Reino Unido.: *British Broadcasting Corporation (BBC)*. Recuperado el 30 de julio de 2012, de http://news.bbc.co.uk/hi/spanish/news/.

xxiUniversidad de Navarra. (2012). **Identidad cristiana**. Navarra, España. Información consultada el 20 de junio de 2012, de http://www.unav.edu/.

xxii**Diego Luís Córdoba**. (2011). Valencia, España.: *Proverbia*. Recuperado el 31 de octubre de 2011, de http://www.proverbia.net/.

xxiiiMartha Irvine. **Los estudiantes actuales sufren más ansiedad**. (2010, enero). Guaynabo, Puerto Rico.: *El Nuevo Día*. [Versión electrónica]. Léase, además: Díaz, M. (2005, 24 de mayo). **Detrimental la industria del ocio**. Guaynabo, Puerto Rico.: *El Nuevo Día*. Recuperado el 24 de mayo de 2005, de http://www.endi.com/.

[xxiv]Veronica Smink **¿Debería ser gratuita la educación en Chile?** (2011). Londres, Reino Unido.: *British Broadcasting Corporation (BBC)*. Recuperado el 30 de julio de 2012, de http://news.bbc.co.uk/hi/spanish/news/.

[xxv]John F. Wasik. **La educación cara es lesiva**. (2006,18 de julio). Guaynabo, Puerto Rico.: *El Nuevo Día*. Recuperado el 18 de julio de 2006, de http://www.endi.com/.

[xxvi]Veronica Smink **¿Debería ser gratuita la educación en Chile?** (2011). Londres, Reino Unido.: *British Broadcasting Corporation (BBC)*. Recuperado el 30 de julio de 2012, de http://news.bbc.co.uk/hi/spanish/news/.

[xxvii]Grynbaum, M. (2005). **Recruiting a new elite**. Harvard University, MA.: *The Harvard Crimson*. Información consultada el 3 de mayo de 2012, de http://www.thecrimson.com/; Serkin, T. (2000). **Oxford University Elitism Comes Under Government Fire**. Harvard University, MA.: *The Harvard Crimson*. Información consultada el 31 de diciembre de 2011, de http://www.thecrimson.com/.

[xxviii]Timm Weber. **La bomba de tiempo del desempleo juvenil**. (2012). Londres, Reino Unido.: *British Broadcasting Corporation (BBC)*. Recuperado el 18 de agosto de 2012, de http://news.bbc.co.uk/hi/spanish/news/.

[xxix]Kirkham, C. (2012). **For-Profit Colleges Owned By Wall Street Companies Fare Worst Under New U.S. Measures**. New York City, New York, U.S.: *The Huffington Post*. Información consultada el 30 de diciembre de 2012, de http://www.huffingtonpost.com/; Lawrence M. Schall. (2012). **Our Tax Dollars at Work: The Shame of Proprietary Colleges**. New York City, New York, U.S.: *The Huffington Post*. Información consultada el 30 de diciembre de 2012, de http://www.huffingtonpost.com/; Chris Kirkham. (2012). **For-Profit College Students Face Higher Debt, More Unemployment, Report Finds**. New York City, New York, U.S.: *The Huffington Post*. Información consultada el 30 de agosto de 2012, de http://www.huffingtonpost.com/.

[xxx]Keila López Alicea. **Tropiezos para lograr un bachillerato**. (2009, diciembre). Guaynabo, Puerto Rico.: *El Nuevo Día*. [Versión electrónica].

[xxxi]José Rivera. (2012). **Altos Costos Impide que Alumnos Logren Concluir su Carrera**. México, Latinoamérica.: *El Orbe*. Información consultada el 20 de junio de 2012, de http://elorbe.com/.

[xxxii]John F. Wasik. **La educación cara es lesiva**. (2006, 18 de julio). Guaynabo, Puerto Rico.: *El Nuevo Día*. Recuperado el 18 de julio de 2006, de http://www.endi.com/.

[xxxiii]Chris Kirkham. (2012). **For-Profit College Students Face Higher Debt, More Unemployment, Report Finds**. New York City, New York, U.S.: *The Huffington Post*. Información consultada el 30 de julio de 2012, de http://www.huffingtonpost.com/; **Students Get Absolutely Nothing Out Of Attending For-Profit Colleges**. (2012). España, Unión Europea. *El Economista*. Información consultada el 12 de agosto de 2012, de http://www.eleconomista.es/.

[xxxiv]**Students Get Absolutely Nothing Out Of Attending For-Profit Colleges**. (2012). España, Unión Europea. *El Economista*. Información consultada el 12 de agosto de 2012, de http://www.eleconomista.es/.

[xxxv]Universidad de Navarra. (2012). **Identidad cristiana**. Navarra, España. Información consultada el 20 de junio de 2012, de http://www.unav.edu/.

[xxxvi]Instituto Latinoamericano de Liderazgo. (2011). **Altos costos educativos llevan a universidades de Estados Unidos a dejar de soñar en ser las mejores del ranking**. Colombia, Latinoamérica. Información consultada el 12 de agosto de 2012, de http://www.universidad.edu.co/; **Estudiantes chilenos protestaron contra los altos**

costos de la educación superior. (2011). Barcelona, España.: *Librenet*. Información consultada el 12 de julio de 2012, de http://www.librered.net/?p=6821; Cynthia López Cabán. **Duro golpe para el pobre alza en UPR**. (2007, 14 de marzo). Guaynabo, Puerto Rico. *El Nuevo Día*. Recuperado el 30 de marzo de 2007, de http://www.endi.com/.

[xxxvii]Efrén Rivera Ramos. (2010). **La UPR y el Tribunal Supremo**. Guaynabo, Puerto Rico.: *El Nuevo Día*. Recuperado el 30 de mayo de 2011, de http://www.elnuevodia.com/; Cynthia López Cabán. **A la cima De la Torre**. (2010, enero). Guaynabo, Puerto Rico.: *El Nuevo Día*. [Versión electrónica].

[xxxviii]**Deuda estudiantil en EE. UU. supera el billón de dólares**. (2012). Moscow, Russia.: *TV-Novosti*. Información consultada el 12 de agosto de 2012, de http://actualidad.rt.com/.

[xxxix]Universidad Interamericana de Puerto Rico. (2012). **Política de calidad total en la gerencia**. Barranquitas, Puerto Rico. Información consultada el 11 de julio de 2012, de http://www.br.inter.edu/reglamentos/politica_calidad.asp. Léase, además: Pedro Silva Velázquez. **Respeto en la academia**. (2007, 9 de febrero). Guaynabo, Puerto Rico.: *El Nuevo Día*. Recuperado el 28 de febrero de 2007, de http://www.adendi.com/.

[xl]**Una generación que pisa y no arranca**. (2011). Guaynabo, Puerto Rico.: *El Nuevo Día*. [Versión electrónica].

[xli]Janet Lorin. **Tener una maestría ya no implica obtener un mejor sueldo**. (2011). Guaynabo, Puerto Rico.: *El Nuevo Día*. [Versión electrónica]. Léase, además: Ángeles Lucas. **En España, la crisis crea una cultura del bajo costo**. (2012). Londres, Reino Unido.: *British Broadcasting Corporation (BBC)*. Recuperado el 30 de junio de 2012, de http://news.bbc.co.uk/hi/spanish/news/;Benjamín Torres Gotay. (2012). **Un diploma, una maleta y un adiós**. Guaynabo, Puerto Rico.: *El Nuevo Día*. [Versión electrónica].

[xlii]Janet Lorin. **Tener una maestría ya no implica obtener un mejor sueldo**. (2011). Guaynabo, Puerto Rico.: *El Nuevo Día*. [Versión electrónica]. Léase, además: Xavier Serbia. (2012). **No hipoteques tu vida por Harvard**. California, EE.UU.: *Conexión Dinero*. Información consultada el 12 de julio de 2012, de http://espanol.finance.yahoo.com/.

[xliii]**Unemployed JDs**. (2012). Pasadena, CA.: *JD Journal*. Información consultada el 15 de julio de 2012, de http://www.jdjournal.com/2012/03/09/unemployed-jds/; Bonnie Kavoussi. **Number Of PhD Recipients Using Food Stamps Surged During Recession: Report**. (2012). New York City, New York, U.S.: *The Huffington Post*. Información consultada el 30 de julio de 2012, de http://www.huffingtonpost.com/; **Law Job Stagnation May Have Started Before the Recession—And It May Be a Sign of Lasting Chang**. (2011). Chicago, IL.: *American Bar Association Journal*. Información consultada el 20 de diciembre de 2011, de http://www.abajournal.com/.

[xliv]Martha Neil. **Dept of Labor Stats Show Flat Market for Legal Services, with Only 200 New Jobs in June**. (2012). Chicago, IL.: *American Bar Association Journal*. Información consultada el 20 de julio de 2012, de http://www.abajournal.com/.

[xlv]**John Locke**. (2011). Valencia, España.: *Proverbia*. Recuperado el 31 de octubre de 2011, de http://www.proverbia.net/.

[xlvi]**Thomas Carlyle**. (2011). Valencia, España.: *Proverbia*. Recuperado el 31 de octubre de 2011, de http://www.proverbia.net/.

[xlvii]**Ralph Waldo Emerson**. (2011). Valencia, España.: *Proverbia*. Recuperado el 31 de octubre de 2011, de http://www.proverbia.net/.

[xlviii]**Una generación que pisa y no arranca**. (2011). Guaynabo, Puerto Rico.: *El Nuevo Día*. [Versión electrónica]. Léase, además: Vélez, G. (2010). **El rostro del desempleo**.

Guaynabo, Puerto Rico.: *El Nuevo Día*. [Versión electrónica]; Rut N. Tellado Domenech. **Mucho título profesional pero poco trabajo.** (2012). Guaynabo, Puerto Rico.: *El Nuevo Día*. [Versión electrónica].

xlix Tom Geoghegan. **Las peores recesiones de la historia.** (2012). Londres, Reino Unido.: *British Broadcasting Corporation (BBC)*. Recuperado el 30 de julio de 2012, de http://news.bbc.co.uk/hi/spanish/news/.

l Timm Weber. **La bomba de tiempo del desempleo juvenil.** (2012). Londres, Reino Unido.: *British Broadcasting Corporation (BBC)*. Recuperado el 30 de julio de 2012, de http://news.bbc.co.uk/hi/spanish/news/. Léase, además: Maritza Díaz Alcaide. **Juan Dalmau asegura que el desempleo ronda el 37%.** (2011). Guaynabo, Puerto Rico.: *Primera Hora*. [Versión electrónica]; Díaz, M. (2005, 24 de mayo). **Detrimental la industria del ocio.** Guaynabo, Puerto Rico.: *El Nuevo Día*. Recuperado el 24 de mayo de 2005, de http://www.endi.com/; **Benedicto XVI dice que las condiciones laborales afectan la sociedad.** (2011). Guaynabo, Puerto Rico.: *Primera Hora*. [Versión electrónica]; Bonnie Kavoussi. **Number Of PhD Recipients Using Food Stamps Surged During Recession: Report.** (2012). New York City, New York, U.S.: *The Huffington Post*. Información consultada el 30 de julio de 2012, de http://www.huffingtonpost.com/.

li Brunymarie Velázquez. **De cara a una nueva pobreza.** (2011). Guaynabo, Puerto Rico.: *El Nuevo Día*. [Versión electrónica]. Léase, además: Antonio R. Gómez. **La crisis real es la falta de empleos.** (2011). Guaynabo, Puerto Rico.: *Primera Hora*. [Versión electrónica]; Bonnie Kavoussi. **Number Of PhD Recipients Using Food Stamps Surged During Recession: Report.** (2012). New York, U.S.: *The Huffington Post*. Información consultada el 31 de julio de 2012, de http://www.huffingtonpost.com/; **La pobreza que puso en jaque a un gobierno.** (2012). Londres, Reino Unido.: *British Broadcasting Corporation (BBC)*. Recuperado el 3 de mayo de 2012, de http://news.bbc.co.uk/.

lii Walker, J. (2012). **La obsesión de las tecnológicas por contratar sólo a los mejores empleados.** Nueva York, EEUU.: *The Wall Street Journal*. Información consultada el 30 de julio de 2012, de http://online.wsj.com/public/page/espanol-inicio.html. Léase, además: Ante, S. (2012). **Las empresas tecnológicas redoblan su cortejo a los nerds.** Nueva York, EEUU.: *The Wall Street Journal*. Información consultada el 31 de julio de 2012, de http://online.wsj.com/public/page/espanol-inicio.html.

liii Arys L. Rodríguez Andino. **La necesidad ha obligado a muchos a trabajar sin patrono ni salario fijo.** (2012). Guaynabo, Puerto Rico.: *Primera Hora*. [Versión electrónica].

liv Libni Sanjurjo Meléndez. **Motivan a que recurran al autoempleo.** (2008, 12 de junio). *Primera Hora*. Guaynabo, Puerto Rico. [Versión electrónica].

lv **Pierden su empleo en Estados Unidos 95,000 empleados públicos.** (2010, octubre). Guaynabo, Puerto Rico.: *Primera Hora*. [Versión electrónica].

lvi **Una generación que pisa y no arranca.** (2011). Guaynabo, Puerto Rico.: *El Nuevo Día*. [Versión electrónica]. Léase, además: Rut N. Tellado Domenech. **Mucho título profesional pero poco trabajo.** (2012). Guaynabo, Puerto Rico.: *El Nuevo Día*. [Versión electrónica].

lvii **Una generación que pisa y no arranca.** (2011). Guaynabo, Puerto Rico.: *El Nuevo Día*. [Versión electrónica].

lviii **McDonald's continúa su fuerte crecimiento.** (2011). Nueva York, EEUU.: *The Wall Street Journal*. Información consultada el 30 de diciembre de 2011, de http://online.wsj.com/public/page/espanol-inicio.html.

Ismael Leandry Vega   *153* lixBrunymarie Velázquez. **De cara a una nueva pobreza**. (2011). Guaynabo, Puerto Rico.: *El Nuevo Día*. [Versión electrónica]; Antonio R. Gómez. **La crisis real es la falta de empleos**. (2011). Guaynabo, Puerto Rico.: *Primera Hora*. [Versión electrónica]; Gustavo Vélez. **La década perdida**. (2012). Guaynabo, Puerto Rico.: *El Nuevo Día*. [Versión electrónica].

lxCiencias económicas. (2010). Bellevue, WA.: *Inversión*. Información consultada el 31 de julio de 2012, de www.inversion-es.com/.

lxiLa pobreza que puso en jaque a un gobierno. (2012). Londres, Reino Unido.: *British Broadcasting Corporation (BBC)*. Recuperado el 30 de julio de 2012, de http://news.bbc.co.uk/hi/spanish/news/.

lxiiProfesionales chinas forzadas a trabajar como mucamas y niñeras. (2009, julio). San Juan, Puerto Rico.: *El Vocero de Puerto Rico*. [Versión electrónica].

lxiiiIstra Pacheco. (2011). **A falta de oportunidades el punto se convierte en fuente de trabajo**. (2011). Guaynabo, Puerto Rico.: *Primera Hora*. [Versión electrónica]. Léase, además: **Es embuste que uno no quiere trabajar**. (2011). Guaynabo, Puerto Rico.: *El Nuevo Día*. [Versión electrónica]; Díaz, M. (2005, 16 de noviembre). **Aumenta el desempleo**. Guaynabo, Puerto Rico.: *El Nuevo Día*. Recuperado el 16 de noviembre de 2005, de http://www.endi.com/; Bonnie Kavoussi. **Number Of PhD Recipients Using Food Stamps Surged During Recession: Report**. (2012). New York City, New York, U.S.: *The Huffington Post*. Información consultada el 30 de julio de 2012, de http://www.huffingtonpost.com/; **Profesionales chinas forzadas a trabajar como mucamas y niñeras**. (2009, julio). San Juan, Puerto Rico.: *El Vocero de Puerto Rico*. [Versión electrónica].

lxivProfesionales chinas forzadas a trabajar como mucamas y niñeras. (2009, julio). San Juan, Puerto Rico.: *El Vocero de Puerto Rico*. [Versión electrónica].

lxvSiete de cada 10 desempleados, con estudios superiores. (2012). México, Latinoamérica. *La Jornada*. Información consultada el 29 de julio de 2012, de http://www.jornada.unam.mx/.

lxviPara más información sobre esto, no dejen de leer un análisis realizado por la *Junta de Reestructuración y Estabilización Fiscal*. Además, léase: Brunymarie Velázquez. **De cara a una nueva pobreza**. (2011). Guaynabo, Puerto Rico.: *El Nuevo Día*. [Versión electrónica]; Antonio R. Gómez. **La crisis real es la falta de empleos**. (2011). Guaynabo, Puerto Rico.: *Primera Hora*. [Versión electrónica]; Antonio R. Gómez. **Histórica debilidad de fuerza laboral**. (2011). Guaynabo, Puerto Rico.: *El Nuevo Día*. [Versión electrónica].

Brunymarie Velázquez. **De cara a una nueva pobreza**. (2011). Guaynabo, Puerto Rico.: *El Nuevo Día*. [Versión electrónica].

lxviiUna generación que pisa y no arranca. (2011). Guaynabo, Puerto Rico.: *El Nuevo Día*. [Versión electrónica].

lxviiiAntonio R. Gómez. **La crisis real es la falta de empleos**. (2011). Guaynabo, Puerto Rico.: *Primera Hora*. [Versión electrónica]. Léase, además: Vélez, G. (2010). **El rostro del desempleo**. Guaynabo, Puerto Rico.: *El Nuevo Día*. [Versión electrónica]; **Es embuste que uno no quiere trabajar**. (2011). Guaynabo, Puerto Rico.: *El Nuevo Día*. [Versión electrónica].

lxixJoanisabel González. (2011). **El fantasma de la movilidad negativa**. Guaynabo, Puerto Rico.: *El Nuevo Día*. [Versión electrónica].

lxxEditorial de El Vocero. **Lamentable abismo social**. (2007, 14 de mayo). *El Vocero de Puerto Rico. San Juan, Puerto Rico*. Recuperado el de mayo de 2008, de http://www.vocero.com/. Léase, además: Edwin Asencio Pagán. **Escasea la igualdad social**. (2007, 27 de octubre). Guaynabo, Puerto Rico.: *El Nuevo Día*. [Versión electrónica].

lxxi**Reina la desigualdad**. (2007, 9 de noviembre). Guaynabo, Puerto Rico.: *El Nuevo Día*. [Versión electrónica].

lxxii**La dura realidad del bolsillo boricua**. (2011). Guaynabo, Puerto Rico.: *El Nuevo Día*. Recuperado el 30 de diciembre de 2011, de http://www.elnuevodia.com/. Léase, además: Miranda Leitsinger. **Necesidad de trabajadores bilingües atrae a puertorriqueños**. (2006, octubre). Guaynabo, Puerto Rico.: *El Nuevo Día*. Recuperado el 31 de octubre de 2006, de http://www.adendi.com/; Milagros Colón Castillo. **Comunidades especiales**. (2008, 24 de julio). *El Nuevo Día*. Guaynabo, Puerto Rico. Recuperado el 31 de diciembre de 2008, de http://www.elnuevodia.com/.

lxxiiiHernández, L. (2011). **La mitad de profesionistas con doctorado en México son desempleados**. México, Latinoamérica.: *La Vanguardia*. Información consultada el 25 de julio de 2012, de http://www.vanguardia.com.mx/.

lxxivStacey Patton. (2012). **The Ph.D. Now Comes With Food Stamps**. Washington, D.C.: *The Chronicle of Higher Education*. Información consultada el 25 de julio de 2012, de http://chronicle.com/; Penn, N. (2012). **Class of 2011 college survery**. New York, NY.: *The New York Times*. Recuperado el 29 de julio de 2012, de http://www.nytimes.com/; Leigh Jones. (2008). **Is the Versatility of a Law Degree Just a Myth?** New York City, EEUU. *The National Law Journal*. Información consultada el 12 de julio de http://www.law.com/; **Why So Many Ph.D.s Are On Food Stamps**. (2012). Washington, DC.: *National Public Radio (NPR)*. Información consultada el 19 de julio de 2012, de www.npr.org/.

lxxvBonnie Kavoussi. **Number Of PhD Recipients Using Food Stamps Surged During Recession: Report**. (2012). New York City, New York, U.S.: *The Huffington Post*. Información consultada el 30 de julio de 2012, de http://www.huffingtonpost.com/.

lxxviRichard Vedder. (2011). **Too Many Ph.D.'s and Professionals?** Washington, D.C.: *The Chronicle of Higher Education*. Información consultada el 11 de julio de 2011, de http://chronicle.com/.

lxxviiStacey Patton. (2012). **The Ph.D. Now Comes With Food Stamps**. Washington, D.C.: *The Chronicle of Higher Education*. Información consultada el 25 de julio de 2012, de http://chronicle.com/. Léase, además: Dewan, S. (2011). **Some Unemployed Find Fault in Extension of Jobless Benefits**. (2012). New York, NY.: *The New York Times*. Recuperado el 29 de julio de 2012, de http://www.nytimes.com/.

lxxviiiStacey Patton. (2012). **The Ph.D. Now Comes With Food Stamps**. Washington, D.C.: *The Chronicle of Higher Education*. Información consultada el 25 de julio de 2012, de http://chronicle.com/.

lxxix**Unemployed JDs**. (2012). Pasadena, CA.: *JD Journal*. Información consultada el 15 de julio de 2012, de http://www.jdjournal.com/2012/03/09/unemployed-jds/.

lxxxDewan, S. (2011). **Some Unemployed Find Fault in Extension of Jobless Benefits**. (2012). New York, NY.: *The New York Times*. Recuperado el 29 de julio de 2012, de http://www.nytimes.com/.

lxxxiKate Shaw. (2011). **The PhD problem: are we giving out too many degrees?** Market Street Wilmington, DE.: *Ars Technica Magazine*. Información consultada el 11 de septiembre de 2011, de http://arstechnica.com/.

Ismael Leandry Vega   155 [lxxxii]**Cuando estudiar un MBA o un doctorado no es una buena idea**. (2012). España, Unión Europea.: *El Confidencial.* Información consultada el 29 de julio de 2012, de http://www.elconfidencial.com/.

[lxxxiii]Janet Lorin. **Tener una maestría ya no implica obtener un mejor sueldo**. (2011). Guaynabo, Puerto Rico.: *El Nuevo Día.* [Versión electrónica]. Léase, además: Instituto Latinoamericano de Liderazgo. (2011). **Altos costos educativos llevan a universidades de Estados Unidos a dejar de soñar en ser las mejores del ranking**. Colombia, Latinoamérica. Información consultada el 12 de agosto de 2012, de http://www.universidad.edu.co/.

[lxxxiv]**Cuando estudiar un MBA o un doctorado no es una buena idea**. (2012). España, Unión Europea.: *El Confidencial.* Información consultada el 29 de julio de 2012, de http://www.elconfidencial.com/.

[lxxxv]Janet Lorin. **Tener una maestría ya no implica obtener un mejor sueldo**. (2011). Guaynabo, Puerto Rico.: *El Nuevo Día.* [Versión electrónica].

[lxxxvi]Bonnie Kavoussi. **Number Of PhD Recipients Using Food Stamps Surged During Recession: Report**. (2012). New York City, New York, U.S.: *The Huffington Post.* Información consultada el 30 de julio de 2012, de http://www.huffingtonpost.com/.

[lxxxvii]**Una generación que pisa y no arranca**. (2011). Guaynabo, Puerto Rico.: *El Nuevo Día.* [Versión electrónica].

[lxxxviii]Rut N. Tellado Domenech. **Mucho título profesional pero poco trabajo**. (2012). Guaynabo, Puerto Rico.: *El Nuevo Día.* [Versión electrónica].

[lxxxix]**Pueblos que pasan las de Caín**. (2011). Guaynabo, Puerto Rico.: *El Nuevo Día.* Recuperado el 30 de diciembre de 2011, de http://www.elnuevodia.com/; Ricardo Cortés Chico. **Más alto el desempleo en los sectores pobres**. (2006, 12 de agosto). Guaynabo, Puerto Rico.: *El Nuevo Día.* Recuperado el 12 de agosto de 2006, de http://www.endi.com/; **Con mayor desempleo siete pueblos**. (2006, 6 de febrero). Guaynabo, Puerto Rico.: *El Nuevo Día.* Recuperado el 6 de febrero de 2006, de http://www.endi.com/.

[xc]**Puerto Rico: Hacerse soldado americano**. (2010). Londres, Reino Unido.: *British Broadcasting Corporation (BBC).* Recuperado el 30 de diciembre de 2011, de http://news.bbc.co.uk/hi/spanish/news/.

[xci]Sandra Caquías Cruz. **Rezagados los graduados universitarios en Puerto Rico**. (2011). Guaynabo, Puerto Rico.: *El Nuevo Día.* [Versión electrónica].

[xcii]**Degreed And Jobless, For-Profit College Graduate Turns To Stripping**. (2010). New York City, New York.: *Huffington Post.* Información consultada el 11 de septiembre de 2010, de http://www.huffingtonpost.com/.

[xciii]**Es embuste que uno no quiere trabajar**. (2011). Guaynabo, Puerto Rico.: *El Nuevo Día.* [Versión electrónica].

[xciv]Barrow, B. (2012). **Shocking truth about graduate unemployment**. Reino Unido, Unión Europea. *Daily Mail.* Información consultada el 27 de julio de 2012, de http://www.dailymail.co.uk/.

[xcv]Barrow, B. (2012). **Shocking truth about graduate unemployment**. Reino Unido, Unión Europea. *Daily Mail.* Información consultada el 27 de julio de 2012, de http://www.dailymail.co.uk/.

[xcvi]Libni Sanjurjo Meléndez. **Miles compiten por plazas en escasez**. (2008, 12 de junio). *Primera Hora.* Guaynabo, Puerto Rico. [Versión electrónica].

[xcvii]John F. Wasik. **La educación cara es lesiva**. (2006,18 de julio). Guaynabo, Puerto Rico.: *El Nuevo Día*. Recuperado el 18 de julio de 2006, de http://www.endi.com/.

[xcviii]Libni Sanjurjo Meléndez. **Miles compiten por plazas en escasez**. (2008, 12 de junio). *Primera Hora*. Guaynabo, Puerto Rico. [Versión electrónica].

[xcix]Instituto Latinoamericano de Liderazgo. (2011). **Altos costos educativos llevan a universidades de Estados Unidos a dejar de soñar en ser las mejores del ranking**. Colombia, Latinoamérica. Información consultada el 13 de agosto de 2012, de http://www.universidad.edu.co/.

[c]**Anónimo**. (2011). Valencia, España.: *Proverbia*. Recuperado el 31 de octubre de 2011, de http://www.proverbia.net/.

[ci]Universidad de Navarra. (2012). **Identidad cristiana**. Navarra, España. Información consultada el 20 de junio de 2012, de http://www.unav.edu/.

[cii]Walker, J. (2012). **La obsesión de las tecnológicas por contratar sólo a los mejores empleados**. Nueva York, EEUU.: *The Wall Street Journal*. Información consultada el 30 de julio de 2012, de http://online.wsj.com/public/page/espanol-inicio.html.

[ciii]Walker, J. (2012). **La obsesión de las tecnológicas por contratar sólo a los mejores empleados**. Nueva York, EEUU.: *The Wall Street Journal*. Información consultada el 30 de julio de 2012, de http://online.wsj.com/public/page/espanol-inicio.html.

[civ]Walker, J. (2012). **La obsesión de las tecnológicas por contratar sólo a los mejores empleados**. Nueva York, EEUU.: *The Wall Street Journal*. Información consultada el 30 de julio de 2012, de http://online.wsj.com/public/page/espanol-inicio.html.

[cv]Ante, S. (2012). **Las empresas tecnológicas redoblan su cortejo a los nerds**. Nueva York, EEUU.: *The Wall Street Journal*. Información consultada el 30 de julio de 2012, de http://online.wsj.com/public/page/espanol-inicio.html.

[cvi]Walker, J. (2012). **La obsesión de las tecnológicas por contratar sólo a los mejores empleados**. Nueva York, EEUU.: *The Wall Street Journal*. Información consultada el 30 de julio de 2012, de http://online.wsj.com/public/page/espanol-inicio.html.

[cvii]Timm Weber. **La bomba de tiempo del desempleo juvenil**. (2012). Londres, Reino Unido.: *British Broadcasting Corporation (BBC)*. Recuperado el 30 de julio de 2012, de http://news.bbc.co.uk/hi/spanish/news/.

[cviii]Paúl Mena Erazo. **Estudiantes ecuatorianos a la caza de universidades**. (2012). Londres, Reino Unido.: *British Broadcasting Corporation (BBC)*. Recuperado el 30 de julio de 2012, de http://news.bbc.co.uk/.

[cix]Paúl Mena Erazo. **Estudiantes ecuatorianos a la caza de universidades**. (2012). Londres, Reino Unido.: *British Broadcasting Corporation (BBC)*. Recuperado el 30 de julio de 2012, de http://news.bbc.co.uk/.

[cx]Timm Weber. **La bomba de tiempo del desempleo juvenil**. (2012). Londres, Reino Unido.: *British Broadcasting Corporation (BBC)*. Recuperado el 30 de julio de 2012, de http://news.bbc.co.uk/hi/spanish/news/. Léase, además: Paúl Mena Erazo. **Estudiantes ecuatorianos a la caza de universidades**. (2012). Londres, Reino Unido.: *British Broadcasting Corporation (BBC)*. Recuperado el 30 de julio de 2012, de http://news.bbc.co.uk/.

[cxi]**Los estadounidenses aprenden menos cada año en la escuela**. (2010, diciembre). Guaynabo, Puerto Rico.: *El Nuevo Día*. [Versión electrónica].

[cxii]Margarita León Carmona. (2005). **Thomas Alva Edison**. Madrid, España.: *Edimat Libros*, pág.42.

[cxiii]Universidad de Navarra. (2012). **Orientación: ¿Qué quieres ser?** Navarra, España. Información consultada el 20 de junio de 2012, de http://www.unav.edu/. Léase, además: Instituto Latinoamericano de Liderazgo. (2011). **Altos costos educativos llevan a universidades de Estados Unidos a dejar de soñar en ser las mejores del ranking.** Colombia, Latinoamérica. Información consultada el 12 de agosto de 2012, de http://www.universidad.edu.co/.

[cxiv]**Cuando estudiar un MBA o un doctorado no es una buena idea.** (2012). España, Unión Europea.: *El Confidencial.* Información consultada el 29 de julio de 2012, de http://www.elconfidencial.com/.

[cxv]Richard Blando Peck. **Alternativas socioeconómicas.** (2007, 16 de noviembre). Guaynabo, Puerto Rico.: *El Nuevo Día.* [Versión electrónica].

[cxvi]Richard Blando Peck. **Alternativas socioeconómicas.** (2007, 16 de noviembre). Guaynabo, Puerto Rico.: *El Nuevo Día.* [Versión electrónica].

[cxvii]Timm Weber. **La bomba de tiempo del desempleo juvenil.** (2012). Londres, Reino Unido.: *British Broadcasting Corporation (BBC).* Recuperado el 30 de julio de 2012, de http://news.bbc.co.uk/hi/spanish/news/.

[cxviii]**El rostro del desempleo en España.** (2012). Londres, Reino Unido.: *British Broadcasting Corporation (BBC).* Recuperado el 30 de julio de 2012, de http://news.bbc.co.uk/hi/spanish/news/.

[cxix]Valga saber que esta información fue brindada por el Departamento del Trabajo de Puerto Rico. Para ver más sobre eso, léase: Arys L. Rodríguez Andino. **La necesidad ha obligado a muchos a trabajar sin patrono ni salario fijo.** (2012). Guaynabo, Puerto Rico.: *Primera Hora.* [Versión electrónica].

[cxx]Sandra Caquías Cruz. **Rezagados los graduados universitarios en Puerto Rico.** (2011). Guaynabo, Puerto Rico.: *El Nuevo Día.* [Versión electrónica]. Léase, además: Díaz, M. (2005, 16 de noviembre). **Aumenta el desempleo.** Guaynabo, Puerto Rico.: *El Nuevo Día.* Recuperado el 16 de noviembre de 2005, de http://www.endi.com/; Libni Sanjurjo Meléndez. **Motivan a que recurran al autoempleo.** (2008, 12 de junio). *Primera Hora.* Guaynabo, Puerto Rico. [Versión electrónica].

[cxxi]Penn, N. (2012). **Class of 2011 college survery.** New York, NY.: *The New York Times.* Recuperado el 29 de julio de 2012, de http://www.nytimes.com/. Léase, además: Brunymarie Velázquez. **De cara a una nueva pobreza.** (2011). Guaynabo, Puerto Rico.: *El Nuevo Día.* [Versión electrónica]; Rut N. Tellado Domenech. **Mucho título profesional pero poco trabajo.** (2012). Guaynabo, Puerto Rico.: *El Nuevo Día.* [Versión electrónica].

[cxxii](Énfasis suplido). Universidad Interamericana de Puerto Rico. (2012). **Política de calidad total en la gerencia.** Barranquitas, Puerto Rico. Información consultada el 11 de julio de 2012, de http://www.br.inter.edu/reglamentos/politica_calidad.asp.

[cxxiii]Rut N. Tellado Domenech. **Mucho título profesional pero poco trabajo.** (2012). Guaynabo, Puerto Rico.: *El Nuevo Día.* [Versión electrónica].

[cxxiv]Rut N. Tellado Domenech. **Mucho título profesional pero poco trabajo.** (2012). Guaynabo, Puerto Rico.: *El Nuevo Día.* [Versión electrónica].

[cxxv]Véase un análisis realizado por Orlando Sotomayor, economista y profesor de la Universidad de Puerto Rico, según citado en: Brunymarie Velázquez. **De cara a una**

nueva pobreza. (2011). Guaynabo, Puerto Rico.: *El Nuevo Día*. [Versión electrónica]; Antonio R. Gómez. **La crisis real es la falta de empleos**. (2011). Guaynabo, Puerto Rico.: *Primera Hora*. [Versión electrónica]; Vélez, G. (2010). **El rostro del desempleo**. Guaynabo, Puerto Rico.: *El Nuevo Día*. [Versión electrónica]; Bonnie Kavoussi. **Number Of PhD Recipients Using Food Stamps Surged During Recession: Report**. (2012). New York City, New York, U.S.: *The Huffington Post*. Información consultada el 30 de julio de 2012, de http://www.huffingtonpost.com/.

cxxviBenjamín Torres Gotay. (2012). **Un diploma, una maleta y un adiós**. Guaynabo, Puerto Rico.: *El Nuevo Día*. [Versión electrónica].

cxxviiUniversidad de Navarra. (2012). **Identidad cristiana**. Navarra, España. Información consultada el 20 de junio de 2012, de http://www.unav.edu/.

cxxviiiTimm Weber. **La bomba de tiempo del desempleo juvenil**. (2012). Londres, Reino Unido.: *British Broadcasting Corporation (BBC)*. Recuperado el 30 de julio de 2012, de http://news.bbc.co.uk/hi/spanish/news/. Léase, además: Maritza Díaz Alcaide. **Juan Dalmau asegura que el desempleo ronda el 37%**. (2011). Guaynabo, Puerto Rico.: *Primera Hora*. [Versión electrónica]; Díaz, M. (2005, 24 de mayo). **Detrimental la industria del ocio**. Guaynabo, Puerto Rico.: *El Nuevo Día*. Recuperado el 24 de mayo de 2005, de http://www.endi.com/; **Benedicto XVI dice que las condiciones laborales afectan la sociedad**. (2011). Guaynabo, Puerto Rico.: *Primera Hora*. [Versión electrónica]; Bonnie Kavoussi. **Number Of PhD Recipients Using Food Stamps Surged During Recession: Report**. (2012). New York City, New York, U.S.: *The Huffington Post*. Información consultada el 30 de julio de 2012, de http://www.huffingtonpost.com/.

cxxixVélez, G. (2010). **El rostro del desempleo**. Guaynabo, Puerto Rico.: *El Nuevo Día*. [Versión electrónica]. Léase, además: **Benedicto XVI dice que las condiciones laborales afectan la sociedad**. (2011). Guaynabo, Puerto Rico.: *Primera Hora*. [Versión electrónica].

cxxxTimm Weber. **La bomba de tiempo del desempleo juvenil**. (2012). Londres, Reino Unido.: *British Broadcasting Corporation (BBC)*. Recuperado el 30 de julio de 2012, de http://news.bbc.co.uk/hi/spanish/news/. Léase, además: **El desempleo inquieta cada vez más**. (2011). Londres, Reino Unido.: *British Broadcasting Corporation (BBC)*. Recuperado el 30 de diciembre de 2011, de http://news.bbc.co.uk/hi/spanish/news/; Antonio R. Gómez. **La crisis real es la falta de empleos**. (2011). Guaynabo, Puerto Rico.: *Primera Hora*. [Versión electrónica]; **La pobreza que puso en jaque a un gobierno**. (2012). Londres, Reino Unido.: *British Broadcasting Corporation (BBC)*. Recuperado el 30 de julio de 2012, de http://news.bbc.co.uk/hi/spanish/news/.

cxxxiUna **generación que pisa y no arranca**. (2011). Guaynabo, Puerto Rico.: *El Nuevo Día*. [Versión electrónica].

cxxxiiUna **generación que pisa y no arranca**. (2011). Guaynabo, Puerto Rico.: *El Nuevo Día*. [Versión electrónica].

cxxxiiiLa **dura realidad del bolsillo boricua**. (2011). Guaynabo, Puerto Rico.: *El Nuevo Día*. Recuperado el 30 de diciembre de 2011, de http://www.elnuevodia.com/. Léase, además: Bonnie Kavoussi. **Number Of PhD Recipients Using Food Stamps Surged During Recession: Report**. (2012). New York City, New York, U.S.: *The Huffington Post*. Información consultada el 30 de julio de 2012, de http://www.huffingtonpost.com/.

cxxxivVélez, G. (2010). **El rostro del desempleo**. Guaynabo, Puerto Rico.: *El Nuevo Día*. [Versión electrónica]. Léase, además: Bonnie Kavoussi. **Number Of PhD Recipients Using Food Stamps Surged During Recession: Report**. (2012). New York City, New York, U.S.: *The Huffington Post*. Información consultada el 30 de julio de 2012, de http://www.huffingtonpost.com/; **La pobreza que puso en jaque a un gobierno**.

(2012). Londres, Reino Unido.: *British Broadcasting Corporation (BBC)*. Recuperado el 30 de julio de 2012, de http://news.bbc.co.uk/hi/spanish/news/.

cxxxvIstra Pacheco. (2011). **A falta de oportunidades el punto se convierte en fuente de trabajo.** Guaynabo, Puerto Rico.: *Primera Hora*. [Versión electrónica]. Véase, además: Antonio R. Gómez. **La crisis real es la falta de empleos.** (2011). Guaynabo, Puerto Rico.: *Primera Hora*. [Versión electrónica]; **Benedicto XVI dice que las condiciones laborales afectan la sociedad.** (2011). Guaynabo, Puerto Rico.: *Primera Hora*. [Versión electrónica].

cxxxviIstra Pacheco. (2011). **A falta de oportunidades el punto se convierte en fuente de trabajo.** Guaynabo, Puerto Rico.: *Primera Hora*. [Versión electrónica].

cxxxviiPitágoras de Samos. (2011). Valencia, España.: *Proverbia*. Recuperado el 31 de octubre de 2011, de http://www.proverbia.net/.

cxxxviiiVélez, G. (2010). **El rostro del desempleo.** Guaynabo, Puerto Rico.: *El Nuevo Día*. [Versión electrónica].

cxxxixPlatón. (2011). Valencia, España.: *Proverbia*. Recuperado el 31 de octubre de 2011, de http://www.proverbia.net/.

cxlComo dice el Dr. Antonio María Rouco Varela, arzobispo de Madrid. Véanse sus expresiones en: **La Iglesia española no condena los recortes: confía en que ayuden a crear empleo y superar la crisis.** (2012). España, Unión Europea.: *Diario Crítico*. Información consultada el 30 de julio de 2012, de http://www.diariocritico.com/.

cxliRut N. Tellado Domenech. **Mucho título profesional pero poco trabajo.** (2012). Guaynabo, Puerto Rico.: *El Nuevo Día*. [Versión electrónica]. Léase, además: Kennedy, C. (2011). **Blinder discusses solutions to worldwide economic mess.** Princeton, NJ.: *Princeton University, The Daily Princetonian*. Información consultada el 13 de agosto de 2012, de http://www.dailyprincetonian.com/; Izek, D. (2010). **Romer covers unemployment.** Princeton, NJ.: *Princeton University, The Daily Princetonian*. Información consultada el 13 de agosto de 2012, de http://www.dailyprincetonian.com/.

cxliiRut N. Tellado Domenech. **Mucho título profesional pero poco trabajo.** (2012). Guaynabo, Puerto Rico.: *El Nuevo Día*. [Versión electrónica]. Léase, además: **La pobreza que puso en jaque a un gobierno.** (2012). Londres, Reino Unido.: *British Broadcasting Corporation (BBC)*. Recuperado el 30 de julio de 2012, de http://news.bbc.co.uk/.

cxliiiProfesionales chinas forzadas a trabajar como mucamas y niñeras. (2009, julio). San Juan, Puerto Rico.: *El Vocero de Puerto Rico*. [Versión electrónica].

cxlivAntonio R. Gómez. **La crisis real es la falta de empleos.** (2011). Guaynabo, Puerto Rico.: *Primera Hora*. [Versión electrónica]. Léase, además: **Emergencia laboral en una isla de mantengo.** (2011). Guaynabo, Puerto Rico.: *El Nuevo Día*. [Versión electrónica]; Leysa Caro González, **Desasosiego tendría efectos nefastos.** (2006, 5 de mayo). Guaynabo, Puerto Rico.: *Primera Hora*. Recuperado el 5 de mayo de 2006, de http://www.primerahora.com/; Maritza Díaz Alcaide. **Más depresión y más temores.** (2006, 9 de mayo). Guaynabo, Puerto Rico.: *Primera Hora*. Recuperado el 9 de mayo de 2006, de http://www.primerahora.com/.

cxlvAntonio R. Gómez. **La crisis real es la falta de empleos.** (2011). Guaynabo, Puerto Rico.: *Primera Hora*. [Versión electrónica]. Léase, además: **La pobreza que puso en jaque a un gobierno.** (2012). Londres, Reino Unido.: *British Broadcasting Corporation (BBC)*. Recuperado el 30 de julio de 2012, de http://news.bbc.co.uk/hi/spanish/news/; Julio Victor Ramirez-Torres. (2012). **Deuda contributiva provoca suicidio de abogado en San Juan.** San Juan, Puerto Rico. *Revista La Calle*. Información consultada el 11 de julio de

2012, de http://lacallerevista.com/; Ewerthon Tobace. **Se disparan los suicidios en Japón.** (2009, marzo). *British Broadcasting Corporation (BBC).* Londres, Reino Unido. Recuperado el 30 de diciembre de 2009, de http://news.bbc.co.uk/hi/spanish/news/.

cxlviJosé A. Sánchez Fournier. **Muertes autoinfligidas se acercan al centenar.** (2008, 13 de mayo). *El Nuevo Día.* Guaynabo, Puerto Rico. [Versión electrónica]. Léase, además: Ewerthon Tobace. **Se disparan los suicidios en Japón.** (2009, marzo). *British Broadcasting Corporation (BBC).* Londres, Reino Unido. Recuperado el 30 de diciembre de 2009, de http://news.bbc.co.uk/hi/spanish/news/; Maelo Vargas Saavedra, **Más alta la tasa de suicidios en Bayamón y el área oeste.** (2006, 17 de abril). Guaynabo, Puerto Rico.: *Primera Hora.* Recuperado el 17 de abril de 2006, de http://www.primerahora.com/.

cxlviiJulio Victor Ramirez-Torres. (2012). **Deuda contributiva provoca suicidio de abogado en San Juan.** San Juan, Puerto Rico. *Revista La Calle.* Información consultada el 11 de julio de 2012, de http://lacallerevista.com/; Chris M. Pagán Banuchi. (2012). **Colegas hablan de abogado suicida en Hacienda.** San Juan, Puerto Rico.: *Noticel.* Información consultada el 29 de julio de 2012, de http://www.noticel.com/.

cxlviiiUnemployed engineer commits suicide. (2012). India.: *NDTV.* Información consultada el 12 de julio de 2012, de http://www.ndtv.com/.

cxlixBenedicto XVI dice que las condiciones laborales afectan la sociedad. (2011). Guaynabo, Puerto Rico.: *Primera Hora.* [Versión electrónica].

clBenjamín Torres Gotay. (2012). **Un diploma, una maleta y un adiós.** Guaynabo, Puerto Rico.: *El Nuevo Día.* [Versión electrónica].

cliTimm Weber. **La bomba de tiempo del desempleo juvenil.** (2012). Londres, Reino Unido.: *British Broadcasting Corporation (BBC).* Recuperado el 30 de julio de 2012, de http://news.bbc.co.uk/hi/spanish/news/. Léase, además: **¿En qué se parece la crisis de la eurozona al colapso de Roma?** (2012). Londres, Reino Unido.: *British Broadcasting Corporation (BBC).* Recuperado el 30 de julio de 2012, de http://news.bbc.co.uk/.

cliiAnahi Aradas. **Nuestros datos personales son el nuevo petróleo.** (2012). Londres, Reino Unido.: *British Broadcasting Corporation (BBC).* Recuperado el 30 de julio de 2012, de http://news.bbc.co.uk/hi/spanish/news/.

cliiiLo que dicen de ti las redes sociales. (2012). Londres, Reino Unido.: *British Broadcasting Corporation (BBC).* Recuperado el 30 de julio de 2012, de http://news.bbc.co.uk/hi/spanish/news/.

clivMarie Custodio Collazo. **Vigile su huella digital.** (2009, enero). *El Nuevo Día.* Guaynabo, Puerto Rico. Recuperado el 31 de diciembre de 2009, de http://www.elnuevodia.com/. Léase, además: Walker, J. (2012). **La obsesión de las tecnológicas por contratar sólo a los mejores empleados.** Nueva York, EEUU.: *The Wall Street Journal.* Información consultada el 30 de agosto de 2012, de http://online.wsj.com/public/page/espanol-inicio.html.

clvMarie Custodio Collazo. **Vigile su huella digital.** (2009, enero). *El Nuevo Día.* Guaynabo, Puerto Rico. Recuperado el 31 de diciembre de 2009, de http://www.elnuevodia.com/.

clviWestern Illinois University (2012). **Facebook's dark side.** Rockville, MD.: *Science Daily.* Información consultada el 28 de julio de 2012, de http://www.sciencedaily.com/; **Facebook Use Linked To Lower Grades In College.** (2009). Rockville, MD.: *Science Daily.* Información consultada el 12 de mayo de 2011, de http://www.sciencedaily.com/; Christopher J. Carpenter. **Narcissism on Facebook: Self-promotional and anti-social behavior.** *Journal of Personality and Individual Differences,* 2012; 52 (4): 482 DOI: 10.1016/j.paid.2011.11.011; Aldemar Marín. **Facebook no sirve para nada.** (2011). Guaynabo, Puerto Rico.: *El Nuevo Día.* [Versión electrónica].

Ismael Leandry Vega   161 clviiOhio State University. (2009). **Facebook Use Linked To Lower Grades In College**. Rockville, MD.: *Science Daily*. Información consultada el 12 de mayo de 2011, de http://www.sciencedaily.com/.

clviiiAldemar Marín. **Facebook no sirve para nada**. (2011). Guaynabo, Puerto Rico.: *El Nuevo Día*. [Versión electrónica]. Léase, además: Christopher J. Carpenter. **Narcissism on Facebook: Self-promotional and anti-social behavior**. *Journal of Personality and Individual Differences*, 2012; 52 (4): 482 DOI: 10.1016/j.paid.2011.11.011.

«Mientras miles de jóvenes realizan grandes sacrificios para completar carreras largas y potencialmente lucrativas, el mercado de empleos mayormente está produciendo ocupaciones para las que se requiere poca o ninguna preparación y que son de baja paga.»

El Nuevo Día

«El mundo está produciendo más doctorados que nunca.»

Nature Publishing Group

«Hacer un doctorado es cada día un negocio menos rentable.»

El Confidencial